漫畫的拓撲文法

序列、編結與情動

The Topological Grammar of Comics:
Sequence, Braiding, and Affects

作者著、編與翻譯作品

專書

Border Women Writing Borders: The Engendering of
    Migrancy in Jamaica Kincaid, Michelle Cliff, and
    Sara Suleri, *Taipei: Bookman Books, 2000*

編輯

Crossings: Travel, Art, Literature, Politics, *Taipei: Bookman Books,
    2001 [Edited with Rudolphus Teeuwen]*

全球視野、在地關懷之課程與教學 / Think Globally, Act
    Locally: Curriculum and Instruction, *臺北：文鶴出版社,
    2011*

譯作

Hsi Muren: Across the Darkness of the River. *The Taiwanese
    Modern Literature Series, Los Angeles: Green Integer, 2001*

張淑麗

漫畫的拓撲文法

序列、編結與情動

國立中山大學人文研究中心
Center for the Humanities, NSYSU

ISBN: 978-626-97085-0-5

序

近年來，混搭文字與圖像的漫畫和圖像敘事已成為一種流行和創新的敘事形式。漫畫通過圖像、文本、畫格、畫框的並置與組合，產生各種形式與內容上的矛盾與張力，使得圖像敘事遊走在線性與非線性的拓撲聯結中，激盪出更多開創性的閱讀可能。當代的許多圖像敘事通過各種形式（包括了超級英雄、變種人、混種人等等強調身體流變的設計）與主題（包括了自傳、紀實、醫療疾病）來展演各種令人值得深思的「人類境況」(human condition) 的「非人」性，甚至以超越線性思維的形式，帶領讀者思考我們慣常用來安身立命的核心人文概念（包括身體、人權、生態等等），更藉由不同媒介並置所製造出的動態張力，突顯出新的思維方式早已崛起，而且被漫畫讀者落實在日常生活（例如漫畫、動漫、電玩、多工作業等活動）。

漫畫在形式上最顯著的特色無非就是在畫頁中

許多畫格的前後或堆疊並置，造成畫格的同時性的呈現，使得畫格與畫格之間的「圖溝」或「間白」(gutter) 得以衍生出意義上的填補與完成。因此，漫畫不僅因為文字與圖像的混搭，而產生意義上的張力，使得讀者樂於參與生產意義與開展情節，漫畫更因為畫格與畫頁屢屢跨越頁面而相互呼應，而造成形式與意義的拓撲聯結。然而，漫畫的形式特質固然可以啟動意識型態導向的詮釋，漫畫之所以會感動讀者，也是因為漫畫讀者能夠先碰觸到超越理性的感性觸動，在文字與圖像、畫格與畫格之間接收到巴特 (Roland Barthes) 所謂的「刺點」(punctum)，而能夠「見其所未見」，感受到溢於文字與符號的多層次時間感性。

　　這本小書聚焦於漫畫的媒介特質，而論述漫畫如何藉由各種視覺符號的堆疊與文字符號的互補，而成就了漫畫以其獨特的圖文混搭所造成的形式上的「張力」與「蔓衍」，使得漫畫能夠透過各種超越現實的想像，來重新想像現實，甚至見證創傷與控訴社會不公。更為重要的是，漫畫更藉由形式上的堆疊迂迴與前後呼應，而啟動「漫」讀與「慢」讀，而得以在震撼與感動讀者之餘，重組感知秩序與運作模式，這也呼應了馬蘇米 (Brian Massumi) 對於情動閱讀「情動而思」(shock to thought) 的想法。

　　本書共分四章。第一章整理漫畫研究的發展，
聚焦於圖像符號學與圖像認知學的理論框架。第二
章則由圖像符號學轉向探討如何在「圖像符號學」
與「圖像敘事學」的批評框架下另外找到「情動閱
讀」的可能，藉此來探討漫畫如何啟動溢於言表的
「情動而思」的動能。第三章與第四章則分別以近
年來崛起、廣受學界討論的回憶錄漫畫與紀實漫畫
為例，來具體闡述回憶錄漫畫與紀實漫畫之所以廣
受讀者歡迎，不僅因為回憶書寫與批判紀實的政治
正確性，更是因為這兩類漫畫都能促使讀者啟動過
去與現在、個人與群體之間的拓撲聯結，並能在圖
像中「看到」介於其間的複層與多元的時空感性。

插圖／馬尼尼為

壹

漫畫、圖像小說、圖像敘事：
圖像符號學與圖像敘事學

漫畫的英文是 comics，而在英文當中 comics 有兩種不同的解釋，既可專指漫畫作品所使用的混搭圖文的媒介，也可泛指使用這種圖文媒介的作品。然而，漫畫這種圖文混搭的形式特質，也正是學界過往對於漫畫視若未見的主要原因：對側重圖像的藝術家而言，漫畫的圖像太過粗略，不夠藝術，而對專注文字的文學家而言，漫畫所運用的文字又不具深意，不夠華麗，不夠文學。漫畫夾在藝術與文學之間，左支右絀，從而成為當代文化想像的「不見」。

歐美文藝界與學界都要等到八〇年代，才真正注意到漫畫的存在，並體認到其美學價值。史畢格爾曼 (Art Spiegelman) 於一九八六年出版的圖像

小說《鼠族》(*Maus*) 得到普立茲獎的肯定，米勒 (Frank Miller) 於同年出版的《蝙蝠俠：黑暗騎士歸來》(*Batman: The Dark Knight Returns*) 廣受讀者喜愛，莫爾與吉本斯 (Alan Moore & Dave Gibbons) 的《守望者》(*Watchmen*) 又於二〇〇五年得到時代週刊的肯定，獲選為一九二三年來百本最佳小說之一。美國的圖書工業研究集團 (Book Industry Study Group，簡稱 BISG) 於二〇〇一年正式啟用圖像小說為圖書分類之範疇。

　　《紐約客》(*The New Yorker*) 宣稱衛爾 (Chris Ware) 的《吉米‧科瑞根：地球上最聰明的小子》(*Jimmy Corrigan, the Smartest Kid on Earth*) 為第一本「以漫畫為媒介、而美學表現形式卻令人驚豔的傑作」(Schjeldahl, 2005)。英國的《衛報》(*The Guardian*) 也於二〇〇一年將「衛報首座獎」(The Guardian First Book Award) 頒給衛爾，並指出這是「有史以來圖像小說首次獲得任何英國的文藝獎項」(Gibbons, 2001)。二〇一四年，查斯特 (Roz Chast) 的《我們可以談點更愉快的事嗎》(*Can't We Talk About Something More Pleasant?*) 獲得「國家書評協會」(the National Book Critics Circle) 自傳類的獎項，同年更入選為《紐約時報》年度十大好書。圖像小說的文學與藝術價值算是初步獲得藝文界與學術界的肯定。這些漫畫相繼出版，口碑票房俱

佳，學界不得不開始正視漫畫，漫畫研究之濫觴，亦隨之開展。然而，既然要為漫畫翻案，就必須要正名。「漫畫」聽來輕薄短小，乃有學者倡議更名為「圖像小說」。

　　學者普遍認為漫畫家艾斯納 (Will Eisner) 於一九七八年出版的《與上帝有約》(*A Contract With God*) 為史上第一本圖像小說。艾斯納自己卻不願居功，反而釐清圖像小說這個詞彙早已存在，只是一直未受到學者的注意。但亦有學者認為以「小說」來理解漫畫反而自我設限，無法涵蓋所有以漫畫為媒介所生產出的作品。然而，學者固然亟欲將圖像小說納入文學的殿堂，從事漫畫的作者與繪者則不但未必領情，甚至還批評學界撈過界。他們強力捍衛圖像小說本身的價值，強調漫畫無須藝術學者、傳播學者、文學研究者加持。對他們而言，漫畫就是漫畫，無須硬要經歷正名的儀式，才能證明漫畫的價值。《守望者》的作者莫爾就堅持他的小說就只是漫畫 (Stuart, 2013)，而因繪製《陰屍路》(*Walking Dead*) 而普受肯定的漫畫家艾德勒 (Charlie Adlard)，也在二〇一六年獲得英國漫畫界桂冠頭銜時公開表示，他無法接受學界看似善意的做法，甚至不惜與「圖像小說」的擁護者宣戰 (Flood, 2016)。史畢格爾曼則自創了 comix 這個妥協意味濃厚的詞彙來標示八十年代以降的另類漫畫，但並

未得到學者或漫畫工作者的支持 (Mitchell, 2014)。漫畫家對於圖像小說這個文類的看法分歧，學者也爭爭吵吵了十數年，近年來圖像小說受到各個獎項的加持，卻也未能平息爭端。美國學者修特和狄柯文 (Hillary Chute & Marianne DeKoven) 乃於二〇〇六年，提議改以「圖像敘事」(graphic narrative) 這個詞彙，來突顯這些兼備圖文的作品所採用的媒介或語言之多元性與物質性。除了極力論證漫畫研究的合理性與必要性之外，修特和狄柯文也呼籲學界在探討個別作品的意義、揭露其意識型態之外，亦應致力於透過文本的分析而勾勒出漫畫在形式上所展現出的特殊性，提出一套獨特於漫畫敘事的文法 (769)。簡言之，修特和狄柯文呼籲學界使用「圖像敘事」這個詞彙，以便將重點由作家透過圖像與文字所講述的「故事」，而轉向討論作者「如何」透過圖像與文字而說故事。基本上，本書認同修特和狄柯文的看法，因而在本書中將視論述情境之需要，而混雜使用漫畫與圖像敘事兩個詞彙：使用圖像敘事以強調圖像的敘事邏輯、修辭與文法，而使用漫畫來指涉個別的作品。

圖像序列敘事與「間白」文法

本書選擇持續在中文語境中使用漫畫這個詞彙，

也是因為臺灣的讀者沿用這個詞彙多年，有其約定俗成的方便性。另外一方面，「漫畫」這個詞彙雖然來自日本，源自於日語的「漫畫」發音 manga（まんが），但是「漫畫」也可視為「漫話」，同時包括了「畫」與「話」的混雜交疊，更能呈現出漫畫的圖文交錯之特質。再者，「漫畫」的「漫」更有隨意、雜沓、延展之意涵，亦能點出漫畫看似鬆散、卻又不斷擠推而開展新意的拓撲動能。再講遠一些，「漫畫」的「漫」亦可與其同音字「慢」相互呼應，而展現出漫畫雖可快讀，但卻唯有當讀者「慢」下來，才能在看似隨意與雜沓的圖像符號與系統中看到快讀時所看不到的論述、欲望、時間流轉。

　　依據漫畫學者麥克勞德 (Scott McCloud) 的說法，漫畫的這些「看不見」，就流竄於漫畫的圖像與圖像、圖像與文字、畫格和畫框，畫框與畫頁的「圖溝」或「間白」之處，這些間格與空白，或以連續之姿，或以推疊之態，帶出漫畫流動不居、零碎重複的時間與空間，不斷鬆動「圖像」與「文字」所預設的直線、因果、前後的聯結，而編結看似大同、實則小異的政治與美學想像。漫畫的「間白」文法，聽起來理所當然，漫畫的讀者想必都注意到漫畫畫頁中的畫框與畫格都以框架區隔開，而在框與格之間的空白之圖溝，代表了前後畫格之間

因果的傳承與時間的流轉。然而在漫畫的百年發展史中，讀者或者視「圖溝」或「間白」為理所當然，自行端詳出前後畫格的差異，而歸納出圖像的敘事原則，或者視「間白」為閱讀障礙，為漫畫敘事不合邏輯之明證。直到二十世紀八十年代，漫畫研究崛起，學者才開始正視「間白」為漫畫文法的重要核心元素。

在美國漫畫早年發展的歷史中，艾斯納於一九八五年出版的《漫畫與序列藝術》(*Comics and Sequential Art*) 為重要的分水嶺之作。顧名思義，艾斯納的專書視漫畫中的「間白」為具有時間向度的指標，每個「間白」都是一個節點，標示出畫格之間的前與後、始與末、因與果的邏輯聯結。艾斯納以其豐富的實務經驗，援引其創作——包括《與上帝有約》與《閃靈俠》(*The Spirit*)——而勾勒出漫畫分析的基本建構邏輯。艾斯納不但定義漫畫為「藝術」，而且還是一種強調「序列性」、「時間性」的藝術。

艾斯納以序列邏輯來詮釋漫畫的「間白」，他的看法不但為另一位漫畫家麥克勞德所全盤接收，後者更在他的《漫畫原來要這樣看》(*Understanding Comics: The Invisible Art*) 中，延續艾斯納的著書精神，援引序列邏輯來詮釋圖像與文字之間的異質並置所造成的「間白」。麥克勞德以連續圖像編排與

序列的線性邏輯為前提，而突顯漫畫的畫面上的各種「間白」，例如畫格 (panel) 與畫格之間的圖溝、畫頁與畫頁之間的連貫或斷裂、圖像與文字之間的呼應或短路。這些「間白」都造成閱讀上的停頓、意義上的斷裂，讀者必須藉由積極的詮釋而填補意義上的缺縫，他稱讀者建構意義為「意義補完」(closure)。對麥克勞德而言，漫畫每個畫格中的圖像與文字，各自傳遞訊息，但圖像訊息與語言訊息之間，時而圖文互補，時而圖文扞格，卻都藉由「間白」的部署與排列，與刻板概念的意象化，而成就了漫畫藝術「線性時間觀」、「概念視覺化」的基本架構。

艾斯納與麥克勞德對於圖像敘事的間白的詮釋，建立在線性時間與因果邏輯的再現思維，因此在他們的詮釋架構中，做為區隔物的間白，既可將時間空間化，更將時間因果化，而畫格則沿著直線、上下、左右的單一方向發展，直到串聯出具有完整意涵的故事為止。然而，德國學者霍斯柯德 (Silke Horstkotte) 則指出美國漫畫研究所強調的序列邏輯，藉由間白的分隔斷裂所引領出時間上的區隔，其實落入了再現閱讀的陷阱，只看得到線性時間所框架出的始末因果關係，而看不到畫頁上與畫格內的多重間白。霍斯柯德認為美國的漫畫研究受到艾斯納與麥克勞德的實務理論影響，雖然突顯

出漫畫框格之間的圖溝與間白的重要性,但是也同時接受了漫畫的框格與框格之間仍有一套序列圖像文法邏輯的看法。一方面,這種強調線性文法導向的理論,必然對讀者的閱讀與詮釋有所預設與侷限:讀者唯有循著這套序列線性邏輯而閱讀,才能建構出完整的意義,始能在斷裂的圖像中,重組完整的故事。另一方面,序列邏輯也忽略了漫畫或圖像小說中,除了序列的配置之外,還有框格鑲嵌 (embedding) 或堆疊 (overlaying) 的設計,以及整頁無框或者跨頁的圖像或主題呈現等等安排。這些圖像的部署策略在在都溢出了艾斯納與麥克勞德強調序列線性邏輯的理論框架,而迫使研究者必須重新思考漫畫藝術的修辭「文法」,而反思漫畫的修辭文法是否必然鼓勵讀者採取線性與因果的邏輯來閱讀漫畫。事實上,漫畫家除了使用框格帶出序列線性的閱讀效果之外,漫畫家還可以使用很多其他的非序列與非線性的修辭策略。例如,漫畫家可以將頁面塞滿了各種大小形狀不一與各種不同顏色的框格與圖像,使得讀者必須停駐在單一頁面上,在框格與框格、框格與圖像、圖像與文字的多元可能之間進行拓撲性閱讀。

　　相對於艾斯納與麥克勞德對於序列文法的重視,法國漫畫學者格榮斯帝恩 (Thierry Groensteen) 於一九九九年於法國出版《漫畫系統》(*The System of Comics*，英文版於二〇〇七年出版），則更強調漫畫的各個點、線、面等元素彼此互動而編織 (braid) 出的符碼與意識型態的網絡 (network)。格榮斯帝恩的研究取向與麥克勞德的差異頗為明顯，他認為漫畫是許多不同符碼 (code) 的創意組合，但在創意當中，亦有其組織邏輯，而呈現出沿著多條線索（也就是符碼）編織出的系統性，因此他稱這種由多重符碼編織出的網絡為漫畫的系統。他在該書中企圖以符號學為其探討漫畫特質的依據，並據此而發展其他相關概念，例如「空間議題體系」(the spatio-topical system)、「制約關節論：序列」(restrained arthrology: the sequence)、「一般關節論：網絡」(general arthrology: the network)、「基調繁衍增生」(the proliferation of a motif) 為其思考與論述的框架。

格榮斯帝恩自承受到電影符號學的研究甚深，尤其受到梅茲 (Christian Metz) 的啟發，企圖建構出漫畫符號學，並論述漫畫作為媒介的特殊性。格榮斯帝恩認為漫畫不僅是一種說故事的媒介，漫畫本身就是一套語言，其中有圖像，也有文字，但是既然是漫畫，圖像就是漫畫的核心單位，文字反而是烘托與圖像的延伸。在他的第三章有關「一般關節論：網絡」的討論中，他企圖從更為宏觀的角度來探討與論述漫畫的「脈絡性」或者「流動性」，

同時也比較漫畫與電影在閱讀與觀賞經驗的差別
（電影觀眾受制於電影播放的連續時間性，而無法
立即回到前一個畫面重複觀賞，而漫畫則允許讀者
不斷來回翻閱），而發展出「超議題」(hyper-topical)
的概念，以突顯出漫畫在頁面與頁面、框格與框
格、框格與對話泡泡的相互呼應、質疑、補充、延
伸等多元方向與輻射狀的發展。另外，當某個漫畫
主題（例如超級英雄）不斷跨越話框、圖溝、頁面、
文本，與分散的主調與副調相互呼應，編結成為複
層的感知網絡，更進而超越單一文本，而形成文本
之間的互文性，而這也符合他所提出的「基調繁衍
增生」所形成的相互編結、相互建構的組合概念。

　　美國學者的漫畫研究受到麥克勞德的影響甚
深，而格榮斯帝恩的研究則側重於符號學，近年
來也日益受到重視。另外，近年來德國學者也開
始使用敘事理論的角度來探討漫畫的內容與形式
的特質，其影響亦不可忽視。在二〇一五年出版
的專書《從漫畫到圖像小說》(*From Comic Strips to
Graphic Novels*) 中，兩位編者史坦恩和托恩 (Daniel
Stein & Jan-Noêl Thon) 在前言中提到，從敘事理論
來討論漫畫與圖像小說可以同時關照到敘事的情境
(context)、認知 (cognition)、與媒介 (medium) 三大
向度。也就是說，從敘事理論的角度來切入漫畫與
圖像小說，採取的策略大致有三種：第一種為情境

式敘事理論 (contextualist narratology)，第二種是認知敘事理論 (cognitive narratology)，第三種則是互媒介或跨媒介敘事理論 (intermedial or transmedial narratology)。史坦恩和托恩指出當前從敘事理論出發來探討漫畫的學者大致都採用跨媒介敘事理論為其論述之依據，而古柯恩 (Karin Kukkonen) 也曾撰文指出漫畫可當作跨媒介敘事理論測試其理論效度的「測試案例」。她並進一步指出漫畫既是一種媒介，也是一種匯集各種不同媒介於同一場域的語言系統，這種融合媒介與系統於一身的特質，更有利於跨媒介敘事理論者檢視與考察漫畫如何結合各種不同媒介來講述故事，以及各種不同媒介在漫畫的文本空間內的匯集與組合，又對於媒介本身造成何種質變。

然而，加德納與赫曼 (Jared Gardner & David Herman) 於二〇一一年為國際知名期刊 *SubStance* 編輯專刊討論「圖像敘事與敘事理論」(graphic narrative and narrative theory) 時，則於前言中提出不同看法，他們認為敘事理論無法細分為三種不同取向。首先，他們明確標示出他們企圖建置「圖像敘事理論」(graphic narrative theory) 的野心。他們指出圖像敘事理論的提出，反映出媒介理論、敘事理論、漫畫理論的相互對話、影響與匯集 (convergence)。既然探討的對象是圖像敘事，而

圖像敘事又是文字與圖像的組合，這樣的組合雖然
有其複雜度，但是文本中仍然提供了很多符號、圖
像、口語、文字等各種不同的線索，以邀請之姿，
等待讀者解碼與轉碼，進而推論情節發展、召喚出
似真似幻的「故事世界」(storyworld)、甚至連結歷
史情境，進而產生深層脈絡化的意義。也就是說，
漫畫與圖像的研究需要採取更能彙整、更具彈性的
閱讀策略，不但要關照漫畫與圖像小說的主題，討
論漫畫使用的媒介，更要考察漫畫讀者的詮釋與閱
讀策略。在赫曼的另一篇論文〈圖像敘事中的多媒
介敘事與認同建構〉中，他解釋圖像小說對於讀者
最大的挑戰在於圖像小說雖然運用各種媒介、各不
相同的符號來觸發不同的推論，但是傳統結構主義
導向的敘事理論則一直未能妥善處理兩個重要議
題：一方面，圖像小說如何觸發讀者的認知繪圖，
進而重新勾勒、再現或構建世界；另一方面，圖像
小說如何使用多元媒介，以及各種媒介的特殊性，
來啟動這種足以重新認知世界的閱讀策略。他因而
認為圖像敘事的理論必須整合情境、認知、跨媒介
敘事理論，但是理論的整合不宜由上而下，在理念
先行的前提上，將既定框架硬套在文本上，而必須
根據個案的獨特性來決定理論的框架與閱讀的策
略，進而反向檢視理論的適宜性。

　　赫曼進而說明，認知敘事理論關心的是文本提

供了哪些線索，以引導讀者做出推論，勾勒出故事
所投射出的世界圖像。認知敘事學者致力於強化與
補充結構主義敘事理論，尤其聚焦於分析讀者如何
經過邏輯思考，推測決斷以建構意義。在這個前提
下，故事可以視為詮釋的對象，也可視為組織和理
解經驗的工具，作為思考與感知的工具。對赫曼而
言，故事世界可視為一個想像的模組，使得讀者得
以對情境、角色與事件做出推斷。敘事提供了藍
圖，使得讀者得以進一步建構或修訂這些出現在腦
海中的圖像。認知敘事學所探討的是敘事手法與認
知繪圖之間的關係。跨媒介敘事理論探討的則是媒
介的殊異性。迥異於傳統結構主義敘事學，跨媒介
敘事理論認為當敘事的媒介改變時，所傳遞的故事
（講述的內容）也就會相對有所改變。然而，跨媒
介敘事理論也認為故事的內容之是否改變，取決於
來源和目標媒體的符號屬性。因此跨媒介敘事理論
主張，雖然使用不同媒介所傳遞出的故事有其相似
點，講故事這個活動仍受到個別符號環境的條件所
限制或強化。赫曼則認為與其揣測這些理論之間可
能的關聯性，不如直接先使用這些工具，再來評估
他們的用處何在。

　　臺灣學界對於漫畫與圖像小說的研究目前還剛
起步，由於地緣關係，臺灣學界對於日本漫畫的研
究成果比較顯著，李衣雲的《變形、象徵與符號化

的系譜：漫畫的文化研究》為其中最有系統者，而
涂銘宏於二○○九年在《英美文學評論》上所發表
的〈一種漱石式的「科學怪人」凝視：漫畫《心》
的腐女視覺修辭〉已經由個案談起，分析漫畫的修
辭策略。他於二○一三年在《文山評論》所發表的
〈交響腐人夢：情感腐碼與戀人共同體〉則由德勒
茲的理論切入漫畫的修辭與圖像部署，說明漫畫如
何發揮形式的特殊性對於共同體議題提出提問。涂
銘宏的論文為臺灣漫畫研究提供了很清楚的理論脈
絡，具體展演漫畫的形式與主題兩者密不可分的互
動與辯證關係。

　　傳播學者范銀霞與賴雯淑於二○一二年發表於
《國際藝術教育學刊》的〈圖像敘事的超美學及其
藝術教育意義：從 Chris Ware 的作品談起〉，分別
由「超聯結特質展現」、「『超』之創作概念與形
式」、「缺縫意義的填充」(104) 三個觀點論述圖
像敘事。他們首先就「超聯結特質展現」談起，解
釋圖像敘事的圖像慣常以蒙太奇的模式呈現，因而
得以轉化傳統的線性敘事為多重向度，正如超文本
一樣，「藉由錨點與連結路徑，讓觀者有多重聯結
和探索途徑」(104)。他們更細分圖像敘事的超聯
結為三類：畫格的分割與畫格之間的過渡可以視為
小說觀點的轉換或電影鏡頭的運鏡、畫格與畫框也
可跳空串聯不同的時間與空間、敘事亦可朝向多元

與非線性的方向發展。其次，就「『超』之創作概念與形式」而言，圖像敘事以「圖像」來「演繹多種藝術形式的特性」，使得「舊的音樂、詩、電影與建築概念置入圖像小說的創作中，用圖像小說這種新媒體再現舊的藝術形式概念，換句話說，是多種藝術形式或概念於圖文小說中之多重呈現」(109)；另外，圖像小說的創作者、觀者與作品間也存有多重互動的關係，因為唯有透過觀者的閱讀，連續的圖像才有了生命與意義。最後，正因為讀者互動性的參與有其不可否認的重要性，讀者不但需要主動解碼漫畫語言，建構意義，更要「填充畫格間圖溝的缺縫，參與敘事的創作，創造無縫的效果，從中尋找意義，並與自身的體驗和記憶連結」(112)。

　　二○一六年則是臺灣外文學界在漫畫研究上成果豐碩的一年。馮品佳收錄了多篇漫畫研究的論文，而編撰出《圖像敘事研究文集》一書，選錄的論文涵蓋了記憶書寫、生命紀事、超人論述、推理懸疑、酷兒情愛、職場達人等重要課題，然圖像敘事的研究尚有許多有待開發的課題，方法學也有待進一步釐清與開展，未來應該會有更多精彩的研究發展，足以帶領臺灣的圖像研究朝向「跨語際」、「跨文化」與「跨媒介」的方向持續發展。

貳
情動閱讀與拓撲連結

修特和狄柯文在二〇〇六年就呼籲圖像敘事學者致力於建構一套漫畫敘事的文法,隨後柯恩 (Neil Cohn) 於二〇一三年呼應這個看法,在專書《漫畫的敘事語言》(*The Visual Language of Comics*) 中從心理語言學與認知語言學的角度來論述漫畫媒介的敘事文法,米奧德拉格 (Hannah Miodrag) 也在同年於《漫畫與語言》(*Comics and Language*) 一書中指出漫畫雖然混搭文字與圖像,但是文字與圖像卻屬於兩套不同符號體系,除了須分別分析之外,亦須關注兩者之互動與張力。更為重要的是,柯恩與米奧德拉格都在書中批判英美漫畫研究過分推崇麥克勞德的「序列說」(sequentiality) 和「意義補完」概念。無庸置疑地,麥克勞德的序列說對於英語系地區漫畫研究產生了巨大的影響,可以說形塑了英

語地區漫畫研究的方法學，甚至有學者因而戲稱
麥克勞德為「漫畫研究的亞里士多德」(Montfort &
Wardrip-Fruin 711)。然而，巴藤斯 (Jan Baetens) 則
認為麥克勞德其實頂多只算是「二流的理論家」，
而麥克勞德居然能在英語世界造成如此大的影響
力，反而反映出英語世界對於法語語系的漫畫研究
的忽視與漠視。這種現象一直要到二〇〇七年，在
法國漫畫學者格榮斯帝恩的重要著作《漫畫系統》
的英文翻譯版問世後，局勢才有了變化。

　　麥克勞德的理論的核心概念為序列觀，而格榮
斯帝恩的核心概念則是關節論，前者著墨於漫畫畫
格的序列安排所導致的線性閱讀，後者則突顯畫
格、畫框與畫頁之間所形成的網絡性，網絡安排所
導致的形式與內容上的相互編結 (braiding)，以及
這種安排所引導出的拓撲閱讀。霍斯柯德則分別以
摩爾的《守望者》的第一頁與蓋曼 (Neil Gaiman)
的《睡魔砂人：前奏與夜幕》(The Sandman:
Preludes and Nocturnes) 的第一頁來解釋這兩者之
間的差異。她的闡述有助於讀者瞭解線性序列說與
編結關節論之間的差異。

　　《守望者》一開場就是一頁類似九宮格、形式
工整的畫頁。讀者閱讀時，從最上層左端的畫格出
發，由左而往右，再沿著 Z 字形的方向，轉向至
第二層最左端的畫格繼續讀下去，最後再轉進至第

三層畫格。第一個畫格是一個特寫的鏡頭，聚焦在一個很引人注目的黃色笑臉圖案上，環繞著這個笑臉的則是一攤形狀不規則的紅色液體。隨著讀者的視線由第一個畫格依序逐步移轉，讀者的視野也由內而外、由近而遠而逐步鳥瞰整個場景。這一頁的畫格之部署清楚，配合故事情節的開展，而以序列性的的畫格布局來暗喻敘事者企圖透過鳥瞰而總攬全局的敘事野心。我認為霍斯柯德這種閱讀突顯《守望者》透過形式布局所提出的政治批判：敘事者鳥瞰全局的野心呼應了《守望者》裏的大陰謀家企圖以一己之力，改寫全球政治版圖，而由他來主導政治布局與定義世界大同的獨裁野心，而正由第一頁最後一個畫格所暗示的一樣，就算敘事者站在高樓，自認為已經掌握全局，但實則敘事者對於街道上那一攤血跡的詮釋，其實也不過是誤讀，人外仍有人，天外仍有天。

因此，第一頁介紹了圖像小說的主題（對於透過極端暴力來成就正義與和平的批判），而這裏出現的笑臉圖像，則以一種反諷的姿態突顯出以暴制暴的反諷。然而，更重要的是，就形式上而言，這一頁也為敘事者建立了一個能夠掌控全局的制高點，既高高在上，暗示無所不知，甚至能從極高的「上帝之眼」之有利位置而總攬全局，但是縱然如此，高高在上的觀眾，雖然看似對現實擁有全知優

勢，但絕非無所不知。小說最終要說的是：我們以
為我們知道的絕非事情的真相，而真相也往往未必
就能帶給世界圓滿的大結局。由此可見，這頁九宮
格的畫頁設計，暗示情節是順著畫格的順序而依序
開展，也因此漫畫確實也可稱之為是一種獨尊序列
邏輯的藝術表現。

　　但是相同的序列邏輯是否適用於蓋曼的《睡魔
砂人》的畫頁部署上呢？霍斯柯德以《睡魔砂人》
第一部《前奏與夜幕》的第一頁為例，提出反證。
此頁的風格與主題迥異於摩爾的《守望者》，因此
讀者必然須採取不同之閱讀策略。乍看之下，這頁
與《守望者》的第一頁類似，似乎也安排在網格模
式中。然而，這頁頁面上的敘事比《守望者》的敘
事更為跳躍。《前奏與夜幕》的頁面看似以網格方
式呈現，但仔細觀察就會發現頁面至少有前後兩
層，底層為一個連續的背景。背景畫格的頂部和底
部被頁面上的其他畫格覆蓋。這種在連續的背景上
嵌入或疊加畫格的堆疊作法，也反映在這本書的許
多頁面上，而建立出《睡魔砂人》系列的獨特風格
與氛圍。霍斯柯德認為這種藉由堆疊 (overlaying)
與組配 (assemblage) 的作法可以同時展演出發生在
不同時間的事件和經驗的同步性，而導致讀者採取
同時性 (simultaneous) 的閱讀模式。再者，畫格與
畫格之間也沒有圖溝，而是連續的。畫格嵌入到其

他畫格中，表明故事世界的連續性或多元世界的並存，這暗示這部漫畫的主題是清醒狀態和夢想狀態之間的相互作用、寫實與非寫實之間的互動。藉由形式上畫格的組配，《前奏與夜幕》呼應了該書故事的主軸：當睡魔因一場意外而被野心人士囚禁長達七十年時，失去了睡魔的世人，或者陷入永恆睡夢，或者永遠不得闔眼，都因為無法明確區分清醒與睡夢之別而陷入混亂。

　　透過這個例子，霍斯柯德指出，線性序列說只是解釋漫畫用來組織視覺資訊的眾多可能方式之一，還有許多堆疊畫格的畫頁穿插其中，而使得我們不得不正視編結也是一種組織漫畫頁面視覺資訊的另一套結構邏輯。霍斯柯德進而援引法國漫畫格榮斯帝恩的「關節」、「網絡」概念來詮釋這種非序列布局畫頁的組成文法。格榮斯帝恩在《漫畫系統》中不但討論各畫格之間的序列關係，更強調漫畫的各個點、線、面等元素彼此互動而編織出的符碼與意識型態的網絡。雖然漫畫是許多不同符碼的創意組合，但在創意當中，亦須將多種結構邏輯編結成區塊，而呈現出由多重「關節」所編織出的「網絡性」。再者，因為漫畫中相同或相似的畫面、人物、話語、情節可以反覆出現，溢出既定頁面與畫格的框架，而相互呼應、質疑、補充、延伸，則可藉由重複與堆疊而轉換符碼，開啟另類閱讀的可

能。例如，當某一個漫畫主題（例如超級英雄）不
斷跨越畫框、圖溝、頁面、文本，與分散的主調與
副調相互呼應，就有可能不斷藉由新與舊的交錯，
而編結出複層的、半新不舊的感知網絡，更召喚出
新的創作與閱讀的力道。

　　總而言之，霍斯柯德認為，雖然從線性與序列
的角度來閱讀漫畫所構成的形式元素是可行的，甚
至必要的，因為漫畫的場景似乎確實遵循著從左到
右、從上到下的路徑而組成，也因此讀者的閱讀也
必然依循線性的序列邏輯而開展，但是這樣的閱讀
並無法充分突顯出很多不規則與不工整的頁面的架
構特性。相反地，這些畫頁要求讀者採取另外一種
閱讀模式，才能同時彰顯出頁面佈局中獨立元素的
大小和位置，以及它們透過層次皺褶而展演出的複
雜關係。

　　因此，霍斯柯德認為線性閱讀的概念必須被重
新檢視與思考。特別是圖像敘事的框架和畫格和個
別場景之間包括了各種的可能組配方面；透過線性
序列來組配這些畫格固然是主流，但是透過堆疊與
並置來編結畫格，更能開展出畫格與畫頁在組配上
的無限可能性。既然漫畫的文法無法由序列說來總
括，漫畫的閱讀也絕對不只是因循直線、強調因果
的閱讀，漫畫研究就必須跨出序列說，才能發展出
一種更具動態和多層次的閱讀概念，來理解漫畫這

個廣受年輕世代歡迎的文類。

然而，雖然漫畫透過媒介上的混搭，在閱讀上也要求多種閱讀模式的混搭，始能回應漫畫在情節上的序列性、編結性、與表達形式的多元時空並陳，但是霍斯柯德這種否定序列說的觀點，固然有其洞見，卻難逃偏頗之嫌，而且編結說，雖源自法國漫畫學者的符號學框架，卻也過分專注於符號的形式部署，而未能真正關照到漫畫的多元歷史與社會文化的脈絡。我們還是需要在理論上再做出突破，來打破漫畫研究多年來不斷在符號學與主題學上打轉的僵局。

整體而言，無論是麥克勞德，或者是格榮斯帝恩、無論是聚焦於「圖溝／間白」的部署與排列，或者強調畫格與畫格的編結，他們都由圖像符號學的角度切入探討漫畫，藉此來論述漫畫藝術的「線性時間觀」、「概念視覺化」的美學展演。張小虹在《時尚現代性》中批判這種奠基於線性時間觀的「圖像符號學」分析，「乃是建立在此『時間空間化』、『時間視覺化』的架構之上，其侷限性正在於『見其所見』，而無法『見其所不見』，只看得到空間化與視覺化的線性時間，而看不到時間之為時間，時間之為連續變化、時間之為皺褶運動的可能」(232)。她以出現在清末《圖書日報》上的一則「時裝美人」為例，指出若採用「圖像符號學」

來分析這則漫畫,則不難發現「此插圖『語言訊息』
與『圖像訊息』的搭配『衣』目了然,右方寬衣大
袖的女子寓過去,中間窄衣窄褲的乘車女子寓現
在,左方戴帽行走的長褲女子寓將來」(230)。女
子的服裝變遷成為具有雙重指涉的「『譬喻』──
服裝作為社會變動之譬喻,女界作為全體人士之譬
喻」(231)。然而,「若就『時間感性』而言,此
插圖明顯出現『時間空間化(畫)』的問題」(231)。
張小虹因而總結,既然這種圖像符號學分析的問題
在於「無法『見其所未見』」,則讀者唯有跳脫「圖
像符號學」的閱讀模式,才有可能探討潛藏在時間
皺褶內的各種「非線性」的聯結,以及透過這種聯
結所啟動的各種「時間感性」。

誠如張小虹所言,時間空間化確實為漫畫之一
大特色,也正因此一特色,而使得採取符號學取徑
的讀者慣於由線性直線的角度切入,先去進行符號
或修辭的分析,再由此帶出隱藏在符號與圖像背後
的社會文化之象徵隱喻。張小虹的看法頗能呼應近
年來部分漫畫學者的看法,顯然學者們都亟於跳出
符號學過分單一的詮釋框架,而嘗試重新概念化漫
畫的激進可能。

人文地理學者迪特莫 (Jason Dittmer) 就認為正
因為漫畫將時間空間化,漫畫才能夠透過並置與堆
疊,而讓讀者「看到」已然空間化與圖像化的時間

向度，更透過現在、過去、未來的不斷混搭，打破空間的序列佈局，而進一步將空間「拓撲化」，從而展演出具有批判性的拓撲式的空間想像與思維，將看似毫無關聯的人或事物串連在一起，開展出看似沒有關係的關係。迪特莫認為這種拓撲式的想像與聯結展現在漫畫在結構上的「多向量敘事」(plurivectorial narration) 與漫畫畫格的「同步」(simultaneity) 呈現 (222)。迪特莫更認為漫畫藉由其多媒體的形式獨特性，更能去述說與理解當代科技發展對人類思維所提出的超越人文想像的挑戰。金恩和佩吉 (Edward King & Joanna Page) 則更進一步宣稱漫畫的跨媒介特性使得漫畫成為展演後人類倫理觀的重要場域，他們認為越來越多的圖像小說將「時間、空間和文化『拓撲化』」，也因而「要求我們採用新方法，更廣泛地解釋當代城市和全球數位社會中權力的複雜性」(208)。張小虹、迪特莫、金恩和佩吉都有各自獨特的關切點，但是他們皆認為漫畫的頁面上的時間被空間化，這使得線性的時間因而被切割、並置、組配、摺疊成為多元的關係組合。

　　在這個層次上，狄德瑞區 (Lisa Diedrich) 進而認為漫畫這種混搭的形式特質使得漫畫提供了一個更具實驗性的跨媒體平台，能以更具創意的形式來思索當代人類所處的「後人類情境」(the posthuman condition)，例如罹癌的經驗。這是因為漫畫在結構上就強調「組配」(assemblage) 與「流變」(becoming)，故能透過形式的拼裝來解構主體性、拆解疾病的即身性經驗、突顯出人類與非人類之間的對視與流變。她以一本關於癌症的圖畫回憶錄為例而指出，在疾病漫畫中，身體的即身性不斷被突顯，使得癌症可以透過圖像與文字的混搭而變得可見，而癌症因為圖像的介入而展現出一種超越人類的能動性。因此，透過文字與圖像的多重並列、鑲嵌和組合，罹癌經驗被呈現為包括癌症病患、照顧者、醫療從業人員、旁觀者、機器設備、醫院空間、癌細胞的微觀運作、健保機制的宏觀支援等等要素所集結組裝而成的塊莖網絡之複雜運作，而在這個不斷開闔、往返的多向量運動過程中，漫畫中的人類與非人類的角色都經歷了強度不一的主體化與去主體化的流變過程。

孟卡與戴維斯 (Filippo Menga & Dominic Davies) 也從類似的角度檢視以環安災難為主題的圖像敘事，而企圖論證圖像敘事（尤其是想像末世災難的圖像小說）的圖像部署與形式組配對於人文導向的自然、時間和敘事觀，提出了發人省思的批判與挑戰。他們認為，我們在當代社會所面對的各種不斷變化的生態、物質與科技條件迫使我們思考：「甚麼樣的文化形式可以讓我們為後人類時代

的複雜時態和空間關係提供敘事型態」(667)。從
這個問題意識出發，他們進而以生態圖像小說為例
來闡述他們主要的觀點：生態漫畫將複雜的敘事時
間融入其形式，將時間空間化，從而形塑出一個複
層的空間佈局，和後人類的研究方法學相互呼應。
更細緻的說，他們認為當代生態的危機所突顯的
「慢暴力」(slow violence) 牽涉到氣候變化與生態
危機所突顯出的過去、現在、未來的線性時間思維
的崩解，因為生態危機已然模糊過去、現在和未來
之間的分野，因而使得我們必須富有想像力的詞
彙和具有複層時間性的敘事系統，才能更為貼切地捕
捉到生態危機的慢暴力。

　　我過去對漫畫的研究使得我能夠接受上述學者
的看法，而且更能由漫畫閱讀本身即是強調「慢」
與「漫」的基本認知而出發，而理解到漫畫閱讀不
僅侷限於符號的解碼，也不僅僅是情節故事的詮
釋，而牽涉到洪席耶所謂的「感性秩序」的重構。
也就是說，藉由圖像與文字的混搭、並置與編織，
漫畫不斷挑逗讀者對於可見與不可見、可說與不可
說、可思與不可思的分野，並從而邀請讀者重新形
構「感性秩序」。而既然漫畫無可避免的必然會重
構時間與空間（既將時間空間化、也不斷將已然空
間化的時間切割、重組與連結），漫畫因而促使讀
者採取多向量的、拓撲式的閱讀模式，從而使得讀

者在看似毫不相干的符號、認知、感性之間產生拓撲聯結，而得以從不斷流變的組配中看到意識型態的運作、歷史的斷裂、斷裂中的欲望流轉、展演與實踐。

這就讓我們回到我們的主題，漫畫的形式變化越來越豐富與複雜，其形式上並置與堆疊畫格的作法，帶出來時間與空間的並置與堆疊，也就是一種時間空間化與空間時間化，產生一種超越二次元的三次元的時空縐褶感，挑戰了過去以序列或編結分析概念來理解漫畫文法的作法。如果我們同意序列與編結並不足以說明漫畫的文法，也許拓撲、皺褶、蒙太奇等詞彙，會是更為貼切的詞彙與分析概念，因為漫畫確實就是藉由這種拓撲的、蒙太奇的方式，將許多看似無關的人、事、物都聚集組合在一起，從而開啟新的閱讀可能，我們接下來就用一些個案，嘗試從拓撲文法的角度，來重新概念化漫畫如何能讓我們「見其所未見」。

張小虹在批判了圖像符號學分析套式的盲點後，提出當下首要之務在於跳脫符號學連結意識型態的分析套路，而由三個相互呼應的課題來開啟漫畫符號中各種看似毫不相連的文字、圖像、物件之間所形成的拓撲聯結。首先，從漫畫符號的物質性與再現面談起，探問印刷技術與傳播模式如何加速化傳統仕女畫的流變。其次，插畫中過去、現在、

未來的堆疊與並置，同時意味著時間的推進與停滯的張力：一方面，女子服裝的演變藉由三個女子圖像之間的差異而帶出女性社會地位逐步鬆綁的進步想像；另一方面，女子的社會地位看似有所進展，實際上框住女子社會位置的父權體制亦在流變中，持續與女性藉由服裝來展演自我的力道繼續拔河。最後，如果插圖中的時裝美人服裝的流變可以視為女性透過日常生活的民生小物而經由重複踐履而彰顯出的連續「進步」，此種「進步觀」所展演出的「連續時間感」迥異於男性知識菁英感時傷逝所展現出的「斷裂時間感」，但兩種時間感卻交疊與編結，而產生了既連續又斷裂、在緬懷過往中又窺見未來的拓撲聯結。

　　既然漫畫的閱讀需要跳出線性思維的窠臼，漫畫讀者要如何去閱讀才能「見其所不見」，開展出漫畫的非線性時間感性，啟動其拓撲聯結呢？以下我們將嘗試從三種不同取徑切入，由編結在漫畫中的超級英雄敘事、魔幻寫實、紀實、回憶、醫療疾病等故事情節中，拉出一條思索後人文的另類時間感性。

　　莫爾的《守望者》的故事背景是八十年代美蘇冷戰時期。一群已經金盆洗手的變裝英雄合力調查一樁暗夜殺人事件，卻發現了一件駭人聽聞的大陰謀。一位已經轉行從商致富的前變裝英雄設計了一

齣外星人入侵地球的災難劇,藉由這齣精心策畫的
人間浩劫,大陰謀家迫使美蘇不得不立即表態,放
棄相互毀滅的核戰軍備競賽,轉而攜手抵禦外侮。
然而,紐約市近半的市民已經因而喪生。從超級英
雄話語的層次來看,《守望者》批判超級英雄神
話,質疑超級英雄試圖以暴制暴的倫理觀,以及冷
戰時期新自由主義「犧牲少數以造福多數」的功利
精神。《守望者》也將超級英雄與超級大國美國並
置,藉此隱喻美國在國際政治的獨斷獨行與超級英
雄以正義之名自行扮演社會秩序維護者之作法同出
一轍,都是對正義的扭曲。

　　每位變裝英雄變裝扮演成英雄的動機各不相
同,此處就以出現在書中第七章的第十六頁(全書
的第二二八頁)的畫頁布局與呈現為例說明。這一
頁的主角是曾經是變裝英雄夜梟 (Night Owl) 的丹
恩 (Dan),頁面上的場景呈現的是他在嘗試與另一
位前變裝英雄絲靈 (Silk Spectre) 親熱未果後所做
的一場夢。美女在前,丹恩卻因性無能而無福消
受,心中五味雜陳,只能黯然入夢。這頁畫頁中的
畫格雖然仍然工整,但是畫格更為擁擠,並不是書
中屢見不鮮的 3x3 的九宮格,而是節奏更快的 6x3
的格局,藉此暗示丹恩的心緒急促而煩躁。第一層
畫格仍以鏡頭逐步拉遠的手法,讓讀者看到身著休
閒便服、看似驚訝的丹恩奔向一位身著變裝英雄服

裝的紅髮美女。兩人相擁之後，隨即脫去衣服的束
縛，袒裎相見。此時鏡頭一轉，紅髮美女由赤裸的
丹恩頭部撕開他的皮囊，而穿著整齊的夜梟由退去
的皮囊中出現；此時丹恩已經變身為夜梟，他亦由
紅髮美女的頭部處撕開她的皮囊，卸去皮囊後的美
女卻轉身變成褐髮美女——也就是丹恩企圖親熱而
未果的變裝女英雄絲靈。當兩人相擁接吻時，畫面
中則出現兩具相擁的骷髏，令人聯想到屢次出現在
書中的廣島核爆後因瞬間汽化而銘刻在牆上的人形
身影。丹恩隨即從美夢中一驚而起，起身走下地下
室，撫摸著他久未穿上身的夜梟衣著，感傷中又帶
著一絲興奮。

　　對於這頁的符號學詮釋應該聚焦於丹恩的兩次
戲劇化轉變，而推論出丹恩的原始欲望（成為拯救
社會於危機的變裝英雄）必須經由紅髮女子的出現
而催化，使得他終於能夠退去虛假的自我，而蛻變
成為心目中最真實的自我。由一介平民卸下一身文
明的束縛，赤裸裸地以全新之姿而重生後，需再經
歷一次蛻變，卸下一身皮囊後，才能蛻變成為具備
特殊能力的變裝英雄，以全副武裝的夜梟裝扮再次
重生。這一連串的蛻變與重生都不在丹恩的算計與
規劃當中，他與紅髮美女與褐髮美女不期而然的遭
逢，卻在無聲無息中啟動了丹恩的特殊能力，而成
就了他足以粉身碎骨的轉變。也就是說，蛻變的契

機，並非如丹恩一廂情願地認知，能夠透過他個人
的意志與努力而得以完成。歷史的轉折總帶著一絲
隨機與意外，在當事人沒有預期、沒有準備的情況
下，以跳躍的方式而突然出現。藉由這樣非線性的
時間跳躍而將丹恩的過去與現在連結起來。兩件毫
無因果關係的事件（丹恩甚至從未向紅髮美女表白
過，他與紅髮美女甚至可以說是毫無關係）上下並
置，而使得由睡夢中驚醒的丹恩，突然之間有所頓
悟，而決定不再畏首畏尾，重新再次穿上夜梟的服
裝，抱持著無所為而為之的心情將夜梟的航行器駛
出地窖，飛上空中，透過具體的行動來追求定義自
我的方式。

從時間皺褶的角度來看，兩次的蛻變在時間上
有所差別（過去／現在），但兩者都建立在遺憾與
未果的創傷基礎上。如果得遂心願同時意味著自我
的毀滅與自我的神化，這就使得蛻變的意義充滿了
曖昧。正如書中對於變裝英雄的正義之舉的曖昧詮
釋一樣，丹恩的轉變突顯出在冷戰的政經架構下政
府的新自由極權作風已經大幅度壓縮個人能動力
（包括變裝英雄與超級英雄的能動性），就算是穿
上了夜梟裝，丹恩／夜梟也只是政府眼中的擾亂社
會秩序者，而在蛻變的興奮之餘，亦同時感受到蛻
變的毀滅性壓力。

這種矛盾心理表達的不僅是個人的感受，呼應

摩爾在 DC 漫畫公司作為一位獨立漫畫藝術家的經歷以及他對冷戰時期的地緣政治的描述。更重要的，這種矛盾還是透過相當曖昧的性別政治的意識型態來表達。面對生活（包括性生活）與創造力（夜梟作為一位生活藝術家）的失能，丹恩（甚至是摩爾與吉本斯）卻回到相當中古時期的性別想像，企圖借道女性身體而重拾其男性雄風。如此的性別想像，既推崇女性為引爆男性創造力的謬思女神，卻也將女性鎖死在謬思的單一想像上，一方面進一步強化父權陽性思維，卻又將女性想像為具有獨立行動力的女戰士。這種拓撲式的性別想像以一種碎片式 (fractal) 的圖像組合而出現在漫畫中，使得讀者在差異（過去／現在；紅髮美女／褐髮美女）中看到碎片中之雷同之處（謬思／女戰士），但正如空間化的碎片，並非僅是單純的重複，而能透過多重重複而產生的差異與變化，而產生出碎片與拓撲在時間交錯與過度中產生的美感配置。

　　類似的碎片式與拓撲式的美感配置也出現在漫畫家薩科 (Joe Sacco) 近年來的漫畫中。薩科向來致力於延展漫畫的表述張力於記錄新聞事件上，更聚焦於戰火連天的巴勒斯坦與東歐地區。在過去十年中，薩科開始轉向繪製短篇漫畫來做為另類新聞的報導。在他於二〇一二年出版的漫畫集《新聞報導》(*Journalism*) 中，有一篇僅有五十頁的中篇漫

畫〈棄嫌〉（"The Unwanted"）。他於第一頁就藉由
文字與圖像的混搭，啟動曖昧、多義的拓撲聯結，
而將難民議題、全球化商業運作與殖民遺緒相提並
論。一方面，〈棄嫌〉這則漫畫所謂的「棄嫌」看
似指涉那些滯留在地中海馬爾他島上沒有人要的非
洲難民，也暗喻這些難民為國際地緣政治角力下的
廢棄物品。另一方面，被人棄嫌的絕不只是這些難
民而已，連馬爾他島也是在歐洲地緣政治中沒有人
管、沒有人要的孤島，面對蜂擁而至的難民，馬爾
他島束手無策，歐洲其他各國也視若無睹馬爾他島
的難民危機。

　　在第一頁中，薩科開場的第一個文字框就只有
一個字：「全球化」（globalization），搭配這個關鍵
字的圖像則是一群漁民正在將捕撈到的漁獲轉運至
大型貨船，以便之後將新鮮魚貨送至遠至東京的餐
廳，供老饕們大快朵頤。這則漫畫開場的畫格，已
經透過文字與圖像的並置，而將來自非洲湧入馬爾
他的難民、馬爾他島居們主要的漁業活動（捕撈鮪
魚）、全球化都相提並論。因為全球化之故，鮪魚
需求大增，但迫於環保團體的強力訴求，歐盟漁業
部長們在二○○七年就各國的魚類捕撈配額達成了
協議，為了幫助快要枯竭的鮪魚重新繁衍，規定了
每個國家鮪魚捕撈的上限。也就是說，馬爾他島的
漁民雖然希望能捕撈更多的鮪魚，卻受限於法規，

只能捕獲限額之內的鮪魚。然而，這些因為限額規定而苦惱的馬爾他漁夫們，雖然無法捕捉他們想要留下的鮪魚，但是他們棄嫌、不想要的非洲難民卻不斷蜂擁而抵，這也讓他們氣惱。而這一切都超越他們的理解與掌控，讓他們不安，使得他們更加無法接受難民的到來。馬爾他的漁民的焦慮在於他們失去了掌控他們生活的自主權，因而當身為新聞記者的薩科訪問他們時，他們才會表示，他們現在只想知道「馬爾他和非洲人有甚麼關係」（Sacco 2012: 1）。

　　薩科的這篇中篇漫畫就在回答這個大哉問。更確切地說，薩科無疑是透過漫畫美學的方式，提出一個拓撲式的思考方法，來從時間的縱軸線（歐洲與非洲植根於帝國與殖民的歷史淵源與及當代全球化跨國經濟物流與人流的運作）、空間的橫軸線（各種地理空間的同與異、地理空間與文化空間的差異）、環境、氣候等各種人與人、人與物的遭逢與交鋒等等多元的角度，來切入這個讓馬爾他島民困惑不已的問題。藉由拓撲的思考，他試圖要突顯出馬爾他人和非洲人之間既沒有必然的關係，卻也大有關係，而這個沒有關係的關係論，建立在我們都是流變為「人」的「非人」（反之亦然）。在人類世的時代，人類帶著濾鏡來看待自己、看待他者，卻只看到自己想要看到的，因為見其所欲見，

所以馬爾他島的居民對待難民的方式，採取的收容策略，就與他們對待自然環境的自以為是如出一轍，總是如此之理所當然，反映出人類世思維的二分框架。

面對難民問題，最常見到的媒體操作是紀錄片的寫實再現，藉此訴求同理心。二十一世紀以降以來，歐洲反覆出現的幾波難民危機，也許也是迫使我們跳出過去這種強調因果、線性發展、再現與代言的因果對應關係之外，而發展出層次更複雜的思考，例如，歷史的前世今生：難民問題除了因為戰爭、政治壓迫、飢荒等因素之外，亦包括歷史的共業、殖民的遺緒、全球化商業的運作等等全方位的考量，以及難民在流離失所時所經歷的人口走私、船隻運輸、天氣變化等等自然與非自然的考慮，這都迫使我們必須要採取更為聚合式、拓撲式、蒙太奇式的思維來分析難民危機。這種聚合式、拓撲式的思維強調所有的人類與各種非人都在政治的實踐中構成一個聚合體，其中的磨合與相互觸動讓所謂的危機或者風險幾乎已經成為當代生活的常態，不是我們可以完全規訓、管理、預防的，而是從根本改變我們以人類為本的認知，而體認到面對難民時的不安情緒其實是種常態性的感受。也在這種「不安為現代生活的常態感受」的前提上，重新思考我們以國家安全、經濟穩定為名，而採取的各種先

發制人 (preemptive) 的超前部署，是否反而只會不斷反覆啟動各種內部與外部的「流變為難民」的運動。

再以我之前曾經討論的法國醫療圖像漫畫《癲癇》(*Epileptics*) 來說。疾病敘事向來聚焦於病人與照顧者之間的互動，而問題化照護倫理 (ethics of care)。然而，狄德瑞區卻從德勒茲的「組配」(assemblage) 概念來切入作者大衛畢 (David B.) 如何藉由漫畫這個媒介來表述疾病經驗。狄德瑞區指出不但漫畫是一種「組配」的藝術，而疾病經驗更是同時牽涉到疾病的診斷與治療、醫療體系的運作、家庭成員的互動、社會的認知等等多重論述與生活實踐的組配。大衛畢透過圖像中各種形式上的部署，讓我們瞭解到他哥哥的癲癇，不是他哥哥個人的疾病，而必須被視為一個組配，連接起醫生、家人、學校教育、社會福利等等。這樣的理解可被視為圖像醫療的核心實踐。一方面，漫畫的形式組配有利於讀者感受與理解疾病經驗永遠旁落於文字指涉或圖像框架之外，而只能捕捉住單一層次的經驗感受，而無法全面地記錄疾病經驗對於知識體系、身體感知、人際互動等所造成的多層次衝擊與改變。另一方面，也正因為疾病經驗有其不可再現、無法言傳、溢於圖像的維度，狄德瑞區乃認為大衛畢的圖像敘事更能將失能的所謂缺失轉換成美

學的動能,而這個轉換的過程也就是一種流變的過程。大衛畢透過漫畫所要捕捉的就是這種「流變為癲癇」的過程;也就是說,大衛畢嘗試採取幾種不同的路徑 (path) 嘗試圖解醫療體系如何詮釋與建構癲癇這個疾病,他自己的哥哥如何透過身體展演癲癇,其他人又如何透過視覺觀察來想像癲癇。

通過繪圖,特別是透過繪製《癲癇》,大衛畢找到一個形式框架與視覺象徵,藉此來回答人們在聽到他哥哥的病情時常問他的問題:「那麼,癲癇發作到底是甚麼樣的感受」?大衛畢回答這個大哉問的方式就是將造成他哥哥的癲癇畫成一條盤據並改變他哥哥身體、情感、認知的鱷龍。這隻鱷龍也具體呈現出癲癇如何侵入一個平凡的法國家庭,改寫了這個家庭原來平淡無奇的故事。在大衛畢圖畫回憶錄中,他哥哥的癲癇所造成的傷痛可以透過圖像與文字的混搭而變得可見,而癲癇也展現出一種超越人類的能動性。圖像醫學針對疾病的形式而視之為一種裝配與集結,雜揉身體、心智、診斷、治療以及臨床、批評、政治和敘事話語和實踐之間進行複雜的相互作用,進而突顯出這些論述、力量之間的前因與後果,彰顯出這些力量與流變所造成的張力、衝突、連結、翻轉、未必完全能以「個別病徵」、「醫師無能」、「病人無知」等說法而一言以蔽之。

　　在漫畫中，癲癇化為鱷龍，蜿蜒潛入這個家庭，穿越和跨越畫格，有時作為連接和綁定個人和場景的橋梁，有時又是隔開與界定人與物的邊界。《癲癇》將癲癇比喻為一條鱷龍，藉此突顯出癲癇是難以被掌握的疾病類別，它違背了任何簡單的分類，既不完全是精神疾病，也不完全是身體的殘缺。但正因為圖像小說能使用圖像來視覺化疾病的經驗，圖像小說更能有效地使得各種認知與精神的疾病（以及各種跨越時空向度的診斷與治療方式）為世人所見到（賦予這些經驗一種視覺可見的形式）。

　　接著狄德瑞區又以費斯 (Brian Fies) 的圖像回憶錄《媽媽的癌症》(*Mom's Cancer*) 來舉例。在書中，有一則僅有兩頁、標題為「在魔幻數據世界的媽媽」(Mom in Mathemagic Land) 的小故事。在這則故事中，作者展演了我們非專業人士只能從二元維度的角度來理解三維像度的「有機體」（他母親肺部的腫瘤）所衍生成的荒謬誤讀。在頁面的左側一個沒有邊框的畫格中，作者透過文字與圖案講解了幾個簡單的幾何概念，讓我們瞭解一次元、二次元、三次元的視覺差異。在右邊一個封閉在邊框內的畫格中，我們看到費斯、他的母親、他母親的醫生，和費斯的兩個姐妹看著電腦掃描，並試圖辨別兩個月的化療對母親的腫瘤的影響。作者以兩個並

排的畫格來呈現化療前與化療後腫瘤的變化。身為
讀者的我們與作者這一家人一起嘗試發現化療前後
腫瘤的差異,我們「看到」畫面上腫瘤幾乎沒有任
何改變,在第二次化療後的掃描圖中,腫瘤的縮小
是很難以肉眼看到的。就在這兩個化療前後腫瘤對
照圖(以及家人和醫生看著這些掃描圖)底下,作
者下了如下的注解,「你的失望只會反映出你的數
學程度太低」(也就是說專業能力不足)(53)。當
我們翻到下一頁時,我們讀到醫生使用「魔幻數
據」來說明腫瘤的變化。醫生告訴這家人「我估計
腫瘤小了百分之五十!太棒了!」(53)。聽到這句
話,這家人的悲觀情緒變成了希望,雖然畫頁中一
個畫框的文字旁白似乎還是透露出這家人的半信半
疑,「讓我們看看,懂得數學到底多麼有用?」(53)

　　對作者的母親和她的孩子而言,數學成為足以
讓他們理解她的癌症的話語,而被視覺化的腫瘤圖
像則提供了另一套足以理解癌症的話語。雖然醫生
藉由「魔幻數據」來說明腫瘤已經縮小了百分之
五十,但化療前後的腫瘤圖像則顯示腫瘤的大小似
乎完全沒有變化。在這個場景中,作者指出醫生借
助圖像,來轉譯抽象的數學語言,藉此向病人傳達
希望,但是病人家屬在鬆了一口氣之餘,又心存質
疑。這種緊張(一方面是醫生堅定的想法,認定數
據提供的是好消息,另一方面則是敘事者揮之不去

的懷疑）正是疾病經驗的最大特色。文本中圖像和文字之間的緊張，適足以捕捉這種感知上的張力關係。圖像幫助我們「看到」（並與之形成關係）癌症經驗不僅只是身體上的一個腫瘤，而更是一個需要透過拓撲思維去理解與感受的複層經驗，癌症作為一個聚合與組配，觸動了病人與照顧者，也成為連結科學與日常的平台。

圖像小說儼然已經成為一種特別尖銳的反思方式，它反映了新的媒體和技術的組合，突顯出人類與非人類之間的親密關係。更激進地說，圖像小說的形式特質，使得它們具有挑戰傳統人文思維的潛力，但是這種挑戰是建立在兩個相互呼應的前提上：漫畫是否能夠透過形式而挑逗、挑釁讀者的人文與人種想像，而讀者又是否能夠回應圖像小說的形式挑戰，而發展出不同過往的閱讀模式。

參
圖像回憶錄

近年來，圖像回憶錄異軍突起，成為在超級英雄漫畫之外的另一主流文類，不但屢有佳作，受到主流媒體的青睞，追憶式的敘事方式，更呼應以文字為主的回憶錄書寫，展現出「記憶美學」在當代社會的獨特時代意義。再者，因為圖像回憶錄以混搭圖像與文字的漫畫作為記憶或追憶的媒介，也為回憶錄的書寫開展了新的風貌，挑戰了讀者的閱讀策略與認知模式，開啟了新的感性模式。

談到圖像回憶錄，就必須提到修特的《圖像女人：生命敘事與當代漫畫》(*Graphic Women: Life Narrative and Contemporary Comics*)。在這本學界首度以有系統的方法學來研究圖像回憶錄的專書中，修特指出在圖像回憶錄中，第一人稱的敘事者

雖以簡化刻板的圖像形式出現在讀者面前，卻藉由圖像與文字雙重合奏的方式，來講述一個有關成長、既是個人的、也是群體的創傷，因而賦予了這個「無法言說」的傷痛一個肉眼可見、不斷轉變的創傷圖像。一方面，圖像突顯出敘事者的能見度，也具體見證她所經歷的傷痛，但另一方面，敘事者的文字卻又堅持創傷的「難以述說性」；也就是說，圖像與文字之間有一種內在的悖反性，既難以述說，卻又不能不說，而這種「無法說得清楚，卻因而更要不斷述說」的反覆衝動，雖是對於成長經驗中各種文明規訓的暴力底蘊的控訴，卻也在反覆回返中展演出差異──自我在不同時間軸上的差異，而透過圖像自傳與回憶錄中圖像與文字所造成的雙重合奏，「失語」與「見證」得以交織互動，成就出具有倫理向度的辯證。對於修特而言，圖像回憶錄藉由圖像與文字而具體展演、勾勒、想像、甚至走出成長的傷痛。

因為圖像回憶錄所追憶的成長經驗往往繞著一個無法言語、無從表象的創傷，這與圖像敘事以連續或堆疊的圖像來敘事的方式，以斷簡殘篇的形式來展演零碎的創傷記憶，相互呼應，形成形式與內容的互補。再者，圖像敘事的圖溝與間白不但可展演出創傷記憶中的停滯與空白，畫框中的圖像更將創傷記憶中凝滯的、斷續破碎的時間轉化成為並置

或堆疊的空間。修特不但強調漫畫將時間空間化的
形式特質 (2010: 7)，她更指出圖像敘事的「時間空
間化」導致讀者不但要「慢」讀，更要「漫」讀。
顧名思義，「漫」讀指的是讀者在閱讀漫畫時，不
但要順著畫格的順序，補完畫格與畫格之間未曾明
言的情節疏漏，更要不斷來回於前後頁的畫頁之
間，反覆比較形式與內容相互呼應的場景，而透過
讀者這種非線性的「漫」讀，不但突顯出時間的皺
褶與擠貼，也彰顯出時間的斷裂與歷史的流變之間
的同時性，從而啟動了圖像敘事透過美學形式所開
展的「情動」美學。

《歡樂之家》：感性的轉譯

修特在閱讀知名圖像回憶錄作者貝克德爾 (Alison
Bechdel) 於二〇〇六年出版的《歡樂之家》(*Fun
Home*) 時，就花了不少篇幅來解釋《歡樂之家》
的美學底蘊正是透過圖像不斷將時間「轉譯」
(mapping) 為空間的作法 (2010: 191)。在這本既是
自傳，也是傳記的圖像回憶錄中，貝克德爾以第一
人稱的方式來敘事，以漫畫為媒介，由敘事者當下
的角度來並置她同性戀的父親無法出櫃的隱諱抑鬱
的過去、與她自己勇於出櫃的坦蕩開闊的當下。藉
由父親與女兒生命中幾個重要的片斷的視覺重現與

並置，貝克德爾勾勒出自己與父親間的同與異，具象呈現她出櫃的身體與情慾，並透過文字與圖像的張力，透過視覺藝術來成就她的自我詮釋與書寫。

修特以符號學為主軸的閱讀特別強調貝克德爾將「時間空間化」的美學並未將時間線性化，反而因為時間的空間化，使得不同時間軸上的事件得以並置在同一空間表面上，而敘事者也因此必須採取精讀與細看的策略，不斷透過時間與空間的重複轉譯與展演，來探究創傷敘事不得不趨近、卻又無法真正直指其核心的「複層的失落」(complexity of loss; 2010: 169)。然而，修特的符號學閱讀所並未指出的則是《歡樂之家》不但將「時間空間化」，藉此以突顯出創傷欲言又止的形式矛盾，也藉此來將未出櫃的父親的時間感性轉譯為已出櫃的女兒的時間感性：前者因壓抑創傷而陷入失語的困境，而後者則將創傷展演為語言，藉由表述情慾而成就自己。敘事者的父親困頓於憂鬱自責當中，找不到適當的語言媒介來捕捉與表達內心的悸動，只能將情慾轉譯與投射於老屋的改建，也透過閱讀大量的現代主義作品，將情感投射於主人翁的苦悶，而找到認同的出口與日常實踐的可能。相對而言，敘事者則並未侷限於被動的閱讀所啟動的認同政治，而以漫畫為媒介來重繪她父親的過去與她自己的過往，也藉由漫畫的圖像與文字來重新詮釋現代主義的經

典小說，藉此來表述與接合 (articulate) 她與她父親
之間既緊密又疏離的關係。《歡樂之家》既揭露了
異性戀霸權體系對於同性戀情欲實踐的壓抑，也揭
露出在看似不相連的美學實踐（裝潢老屋、精讀文
學經典、繪製漫畫）中各種不同的情動之力的匯
集、轉譯與流變。

　　以《歡樂之家》中出現在第二二〇與二二一頁
左右對開的頁面為例。這左右兩頁以鏡像方式相互
映照與呼應。乍看之下，兩畫頁幾乎完全雷同，左
頁切割成四排、每排三格、共計十二個畫格，右頁
亦然。每個畫格中都只有父女二人坐在車上，兩人
都注視著前方遠處，完全沒有相互注視的互動。這
個幾乎凝結的畫面就這樣在左頁與右頁分別重複了
二十四次。在這個凝結時間為封閉空間的重複畫格
中，畫格中些微的差異（父親為了掩飾不安而舉手
掩嘴或撫眉、女兒無奈地轉頭注視窗外），以及文
字框與對話框的補充，都使讀者得以理解，女兒為
了讓父親能夠開誠布公地談論與認可他的性取向是
多麼小心翼翼、迂迴曲折地開啟話題，而父親卻只
能欲言又止，以致於女兒在文字框中只能以喬伊斯
的《尤里西斯》中的斷裂的父子關係來比喻她和父
親這場無果的對話。最後，敘事者自問，在這場對
話中，到底誰扮演了引導小輩成長的父親的角色？

　　也就是說，從雙線並進的故事情節角度來看，

《歡樂之家》明顯企圖圖像化與視覺化兩代之間的
差異，同時也藉由父女之間在表達性取向的封閉與
開放之差異，而彰顯出保守取向的性別認同與開放
取向的性別認同所造成的不同的時間感性。相對於
父親的憂鬱與焦躁，女兒因為能夠認同自我，已經
發展出多元的自我表述，使得貝克德爾在訪談時能
夠很有自信地宣稱，對她而言，以漫畫來書寫《歡
樂之家》的過程無疑勾勒出作為漫畫藝術家的成長
軌跡（引自 Chute 2010: 176)。另一方面，由女兒
的角度來詮釋父親的過去，亦彰顯出父親的過往經
歷所不得見、不得言、不得思的層面，使得女兒得
以在揭露父親的創傷與壓抑之餘，也突顯出他不斷
掙扎將不可言說的情慾轉譯成室內裝潢、文學閱讀
與教學的嘗試，以及這些看似無謂的掙扎所彰顯出
的能動性。

　　《歡樂之家》藉由圖像與文字、過去與現在、
父親的自我封閉與女兒的自我表述來彰顯出創傷的
兩種時間感性。對於上一輩的父親而言，成長就是
掩飾與遮蔽自我的性別認同，出櫃就等同自我的毀
滅。以毀滅與死亡來詮釋出櫃、以及為了避免出櫃
而必須承受的抑鬱與焦躁，無疑是她父親成長時代
的主流共識。身為高中英文教師，她父親選擇透過
室內裝潢，以及廣泛閱讀現代文學，藉由認同書中
主角的疏離經驗，而得到美學上的出口。然而，敘

事者雖然也閱讀卡謬與喬伊斯，但是她與現代小說的主角之間的關係是既認同又疏離的。也就是說，敘事者的美學行動並未受制現代小說作者的主觀意圖，反而更能將文字變成行動，生產出感性的張力，開啟了異識的可能。這也使得她不致於沉溺於哀怨與抑鬱，反而接受自己的身體與情慾，並透過漫畫創作，而表述她的感受，也企圖透過美學的形式，來激發她父親行動的能量。但是，誰又能說她與她的父親誰真的找到正確的方式來轉譯他們所感受到的情動之力呢？

因此，當敘事者自問她與她父親之間，到底誰才是引導成長的父執輩時，她並非要透過她與父親之間的坦誠對話來教育她的父親；相反地，她只是要設計與利用一個對話場景，藉此讓她的父親也能夠以自己的方式重新感知與詮釋他的生命經驗，而展開一場感知的冒險。也就是說，敘事者在書寫她的自我成長之餘，也以後知後覺之姿，從當下的角度來介入她父親隱晦的故事，而彰顯出她父親雖然受制於異性戀霸權，仍不斷找尋與轉譯情動之力的掙扎。在《歡樂之家》的第一頁，敘事者已經以希臘神話中的伊卡洛斯 (Icarus) 的墜落來比喻她與她父親的關係既是政治的，也是美學的。在希臘神話中，伊卡洛斯乘著他父親以蠟與羽毛所製造的翅膀，嘗試飛離猶如牢籠般的小島，卻因飛的太靠近

太陽，導致翅膀上的蠟融化而跌落海中而失去生命。《歡樂之家》的第一頁的畫格中，年幼的貝克德爾與她尚且年輕的父親正在玩一場所謂的「伊卡洛斯遊戲」：她的父親躺在地毯上，以雙腳撐起年幼的貝克爾德，後者雙手伸展開來，好像伊卡洛斯飛翔於空中。然而，翻至第二頁，無法維持平衡的貝克爾德跌落在她父親懷中，正如伊卡洛斯墜落海洋一般。雖然在畫格中失去平衡而跌落的是貝克爾德，但在文字框中，已經成長為成人的敘事者則以後知後覺之姿提到，如果她與父親的關係展演出伊卡洛斯與他父親戴達羅斯 (Daedalus) 的關係，最後跌落神壇、墜入海洋的卻不是身為女兒的她，而是她的父親。也就是說，貝克爾德與父親的故事改寫了伊卡洛斯與他父親的故事。

這個「伊卡洛斯遊戲」的視覺意象在書中最後一頁 (231) 又再次出現。在最後一個畫格中，年幼的貝克德爾與尚且年輕的父親在游泳池中戲水。父親在泳池中，張開雙手，準備接住剛剛從跳水板跳起、正懸浮在半空中的女兒。在文字框中，敘事者則總結他們父女倆糾結不清的關係：「每當我跳起來時，他就在那裏接住我」。也就是說，當她的父親選擇終身不出櫃、最後還自殺而亡，他已經以他自身的經驗來展演出一場需要重新感知的美學與生命的實驗：他不敢展翅翱翔，因為害怕會像伊卡洛

斯一樣，飛的越高就跌的越重。貝克爾德則以她自己的身體轉譯與挪用他父親這場失敗的美學與生命的實驗：她奮力一跳，整個人懸浮在空中，衝撞出她的生命其他的可能性，也讓懸浮與飛翔展演成為美學的動能，使得她能跳出既有的感知框架，而將情慾的情動力從意識型態的枷鎖中解放出來，透過漫畫藝術的間白張力，不斷重新演繹伊卡洛斯飛翔在空中的時間感性。

《吉米·科瑞根》：美國夢與移民百年的孤寂

如果《歡樂之家》詮釋的是父女之間既親密又疏離的關係，另一本與《歡樂之家》齊名的圖像回憶錄，衛爾的《吉米·科瑞根：地球上最聰明的小子》勾勒的則是三代父子之間的疏離與孤寂。二〇〇三年，時代雜誌在遴選十本史上最偉大的圖像小說時，將莫爾與吉本斯的《守望者》放在榜首，將衛爾的《吉米·科瑞根》放在第三位。但是許多學者卻認為《守望者》的故事固然精彩，但就藝術成就而言，《守望者》絕對無法與衛爾的《吉米·科瑞根》相提並論。在時代雜誌的主編格斯曼 (Lev Grossman) 的推薦文中，他推崇《吉米·科瑞根》「使用精準、寶石形狀的框格，將所有框格排列成

幾何格線的流程圖，以此幾何圖像來講述一個年約
三十多的孤獨與孤僻的中年人生平第一次與他父親
見面的故事。主人翁吉米蒼涼的生命故事因為他豐
富的想像而稍加沖淡。在他想像世界中，他是世界
上最聰明的小孩，不過想像中的小吉米的故事也總
是不了了之。整部圖像小說的每一頁都可以成為簡
約風格圖像設計的範本，透過如此的設計，而將時
間切割成為各自分離、感受強烈的瞬間」。格斯曼
短短的一段推薦文，也算是抓住了這部小說的獨特
性：一方面，畫面的凝滯凍結了時間，凍結的時間
又傳遞出來感知的冷漠與呆滯；另一方面，想像的
爆發改寫了孤寂，揭露了看似呆滯的感性後面的情
緒起伏。

　　也就是說，《吉米・科瑞根》將時間空間化，
藉此捕捉到科瑞根家族三代男人所無法言說的孤
寂，也賦予吉米的想像可見的畫面。更重要的是，
衛爾善加利用漫畫的形式特質，透過畫格的重複與
編織，突顯出現代生活時間感性的內在矛盾：時間
因重複而停滯、與經驗在重複中的差異流轉。作為
故事主人翁，吉米當然不是地表最聰明的小子，但
他的故事突顯出現代生活中常被人忽視冷落的一群
人（所謂「魯蛇」）的生活經驗與想像。衛爾勾勒
出的魯蛇美學，讓讀者得以重新看到、感受到看
似魯蛇的社會邊緣人透過想像而開展出的能動性。

《吉米‧科瑞根》中的吉米從小為父親所遺棄，跟著單親母親成長，也造就他社會魯蛇的個性。小說剛開始，吉米突然收到他從未謀面的父親的來函，邀請他前往密西根州的一個小鎮與他一聚。父親的來函開啟了故事的另一線。原來吉米來自愛爾蘭的曾祖父也是一個不負責任的父親，在吉米的祖父還很小的時候，就為了拚搏自己的移民大夢，而狠心將尚且年幼的吉米的祖父拋棄在當年在芝加哥舉辦的世博大會的會場上。也就是說，吉米的成長故事與他祖父的成長故事不但諸多相似、跨世代而相互呼應，也突顯出上一代的成長與下一代的成長創傷的因果輪迴。

《吉米‧科瑞根》是部以風格取勝的文學與藝術作品，故事情節沒有太多戲劇化的發展，吉米也不是有太多情感深度的主人翁。整本厚達三八○頁的小說主要述說的不是一個單調的成長故事，而是一幕一幕凍結在時間裏的場景，而每個場景的主調千篇一律都是人與人極端疏離之後所留下的感覺：孤寂，而這種孤寂也反映在畫面上大量的留白。吉米與他父親的疏離，成就了他的孤寂，而他父親又與他父親的父親也一樣的疏離。一代與一代之間反覆的疏離，每一代都生活在孤寂當中，成就了另一種以感覺為底蘊的另類身份認同的標籤：吉米就是現代社會孤寂與疏離的三十幾歲的老小孩的代表。

這種疏離與孤寂透過畫格與畫格之間幾乎跨越不過去的圖溝而建構出看似有關、又看似無關的「意合」(parataxis) 關係（所謂的「意合」修辭指的是兩個簡單句連結並置，中間卻缺乏對等連結詞可將前後句的關係明確標示出來）。

然而，這樣強烈的人與人之間的缺乏聯繫與連結，卻又以最具備超聯結的幾何畫格的方式而表達，在范銀霞與賴雯淑的論文中，他們指出《吉米‧科瑞根》展現了超文本的超聯結性。在其中一幕中，衛爾甚至使用了十六個並置的安迪沃荷風格的畫格，並透過樹狀多節點的超聯結方式，「使得吉米的想像得以透過好幾個意義組 (lexias) 伸展，對同一事件進行詮釋，使得敘事的內容更加流暢與完整，這樣的展現手法如同超聯結的連結方式，促進連結的思考與觀者的選擇，更提供各種觀看的方式」(105)。然而，小說中吉米在現實社會中的缺乏聯繫與找不到出口，與超聯結圖像的多節點、多處入口、多處出口的開放性形成了主題與形式上的雙律背反。如果這部小說的設計確實受到數位科技的超美學影響，使得其圖像的設計展現出多聯結與開放性的形式特質，則相當弔詭的是，這種形式上的多元開放，卻召喚出無路可逃的孤寂主體，強化了一事無成的宅男魯蛇的刻板印象。這樣的圖像與文字的既開放又封閉的對話帶出另外一種以魯蛇為

代表的現代敘事，而成為衛爾對於現代進步敘事的基進批判。

　　小說中的吉米基本上是一個宅男，而魯蛇的生活也總是千篇一律，看似平凡單調，但在平凡的現實與超凡的超現實的辯證中，《吉米・科瑞根》也由圖像的角度而帶給讀者另一種思考現代日常生活的美學感性，藉此突顯出隱藏在現代進步敘事的「樂觀」背後的「殘酷」。另一方面，三代父子故事的並置與重疊，也突顯出所謂的魯蛇也是跨越世代的存在，既是一種僵化的刻板印象，也因跨世代的有限互動而帶出想像的流變。無論是吉米，或者是他的祖父，都被自己的父親遺棄，看似孤立無助，找不到逃逸的路線，但在衛爾的筆下，吉米與他的祖父都可隨時遁入想像的世界，而透過想像而重新賦予魯蛇不同的定義。也就是說，《吉米・科瑞根》既召喚出讀者對魯蛇的刻板印象，卻也透過漫畫的圖像去拼貼出魯蛇「不動而動」的能動性。

　　這種美學感性透過兩幅分別安排在書首與書末的跨畫頁家族系譜圖，編結出跨過頁面而相互呼應的拓撲聯結。[1] 在頁首的家族系譜圖中，衛爾在雙併對開的左右兩頁上配置了許多大小不一的畫格，

---

1 《吉米・科瑞根》的另外一大特色是衛爾並未為書中任何頁面標示頁碼，也因此此處無法提供具體的頁碼給讀者參考。

組配出許多不同的畫格的群組。每個群組都以圖像
來敘說一則一則無聲的美國夢的奮鬥故事，也在畫
格與畫格之間以「所以」(and so)、「因此」(thus)、
「然後」(henceforth)、「但是」(but) 帶出畫格與
畫格之間的故事情節的線性與因果連結，使得讀者
得以在這些幾乎鮮有文字說明的畫格之間拼湊出主
人翁一家三代在美國打拼的移民奮鬥史。

　　然而這種透過線性聯結所編結出來的進步敘
事，卻被畫格組配的多元編排所打破，因為在這些
畫格群組中的畫格並非由左而右、由下而下的排
列，而是時而朝九十度、時而朝一百八十度旋轉，
使得讀者在閱讀時不斷要調整方向，時而往前，時
而往後，時而往左，時而往右，進行跳躍式的閱
讀。這種碎片式的組配方式，打破了線性閱讀的節
奏，也突顯出畫格群組中所羅列的故事的重複與雷
同，使得讀者在看似強調成長的進步敘事中發現這
些敘事在時間感性上卻陷於停滯與單調。也因為如
此，幾乎所有對這本書的評論中，都不約而同地強
調這本書的感性基調在於寂寞與無聊。而藉由突顯
這種寂寞與無聊的時間感性，衛爾無疑藉由漫畫而
狠狠地揭露了美國移民夢在強調進步與成功之餘所
必須付出的情感代價：上一代往往以打拼之名，而
割捨了與下一代的親情聯繫，導致於下一代的情感
失能，甚至成為不見容於進步敘事的社會魯蛇。

　　吉米與父親的世紀大團聚並沒激發出任何預期
中的激情與感動，但是經過此次的會面，吉米結識
了他父親所領養的非裔養女艾米 (Amy)。在書中另
有兩頁對開的家族系譜圖，勾勒出的是艾米的家族
成員關係圖，並與吉米的家族系譜圖遙相呼應。透
過這種拓撲聯結，衛爾串連起白人移民史與黑人奴
役史的糾結，突顯出吉米家族反覆上演的百年孤寂
與艾米家族所承受的百年血淚息息相關，只是後者
至今仍是美國主流視野視而不見的盲點。正如吉米
的家族系譜一樣，艾米的家族系譜也是以畫格群組
為主，並以從上到下的逆時鐘序列來排列。讀者透
過倒敘，得知艾米的親生母親生下艾米、嫁給了一
名士兵，而艾米的曾祖母，其實是吉米的曾祖父和
他母親的黑人女僕之間所生的女兒。縱然吉米與艾
米膚色不同，生活也顯有交集，但是兩者卻血脈相
連，甚至命運與共。

　　吉米的家族系譜與艾米的家族系譜跨過將近
三百頁而相互呼應。然而，雖然吉米與艾米從未發
現他們之間的遠房血緣關係，但是透過圖像的拼貼
與組配，讀者理解到書中這兩位重要角色所從未理
解的美國種族混雜史，以及白人與黑人、不同的魯
蛇家族之間彼此看不見的密切關係。因此，如果
《吉米‧科瑞根》勾勒出吉米透過尋找拋棄自己的
父親而成就與完成的自我成長史，則吉米尋父的嘗

試則突顯出一個不斷分歧、像根莖一樣蔓延開展的混血家族史。然而，有鑑於吉米與艾米都未理解到讀者透過細讀圖像所拼貼出的家族秘史，衛爾明顯藉此來暗示吉米與艾米對自己家族史的無知是一個普遍性的現象，而無論吉米透過何種管道嘗試自我定位，只要他持續沉溺於自憐的情懷中，他就永遠無法瞭解他自己與他複雜的家族歷史，以及他與其他族裔的同袍之間的拓撲聯結。

《我們可以談點更愉快的事嗎》：臨終照護的情感曲線

《我們可以談點更愉快的事嗎》也是本圖像回憶錄，並曾於二○一四年獲得「美國書評人獎」非小說類自傳項目的獎項。此書自從出版至今，書評無不讚譽有加，亦有老人學學者稱之為圖像照護自傳 (graphic caregiving memoir)，而醫療團體也開始將這本書納入目前剛崛起的「醫療敘事」(narrative medicine) 和「敘事醫學倫理」(narrative medical ethics) 的必讀書單中。作者查絲特 (Roz Chast) 結合圖像小說與懺悔錄書寫 (confession) 的創意嘗試，藉此來探討老年醫學與臨終照護等生老病死等大議題，並討論她如何借助圖像敘事，找到混搭圖文的形式，使得她在談論與勾勒安寧照顧所牽涉到的複

雜心理、生理、情緒、靈性、律法規範等等環節時，
既能捉住自傳的主軸，聚焦在親子關係的轉變，又
不流於濫情或輕浮，在傷痛中仍能清明，在沮喪懊
惱中還能關懷體恤。

　　查絲特的圖像回憶錄有許多形式上與主題上的
獨特之處。先從主題上而言，她談的是臨終照護這
種頗為嚴肅的議題，但是她卻選擇以非主流的漫畫
為媒介來探討如此嚴肅的議題，藉此透過相對輕鬆
的形式，帶領讀者直接逼視死亡的真實威脅；再就
形式上來觀察，她的漫畫並不符合艾斯納對於圖像
小說「序列敘事」的定義，反而因為大量帶進第一
人稱敘事者的主觀觀察與評論（包括她對她父母的
看法與她的自我反思），使得她的圖像回憶錄讀起
來更像一篇敘事散文，帶出了敘事者的觀察、心
情、偏見、掙扎，而當圖像中她既愛又恨的老邁雙
親以類似卡通人物的方式同時出現在讀者面前，反
而使得讀者必須採用格榮斯帝恩所指出的「同時
性」閱讀，而在敘事者的評斷與圖像無聲的指涉中
尋求情感的平衡點。

　　查絲特是美國知名的漫畫家，長期為《紐約
客》繪製漫畫與插圖。她於二○一四年出版了這本
圖像自傳，也是她第一本長篇著作。這本圖像回憶
錄記錄了她照顧老邁父母的心情點滴。故事由二
○○一年九一一事件前幾天開始，當時她即將邁入

九十高齡的父母還住在他們布魯克林的老家公寓裏，而她在離開老家多年，終於再次回到舊居探視雙親。襯照著布魯克林老舊的公寓與老人佝僂的身影，她愕然發現自己視為巨人的父母卻已經垂垂老去。由那個時候開始，她經歷了臨終照護者必經的心情三部曲：從拒絕到恐懼（擔心她該如何面對這個難題，拒絕承認父母已經老去）；接著更在沒有其他選項之下審慎投入；最後則是全心投入，深深陷入這份沉重的重責大任中。相同的，她的父母也經歷了類似的三部曲：由不服老，拒絕接受協助，接著在無奈之餘，勉強同意入住安養中心，直到進入安寧階段。每個階段都伴隨著內疚和絕望，而這種心情上的自責並不會因為父母過去而停止。

　　臨終照護原來就難，子女與父母都反覆經歷認同危機、彼此都在恐懼、無奈、愧疚、沮喪、甚至憤怒等各種心情中起伏掙扎，再加上與時間、財務、法律、醫學相關知識的賽跑，這些來自於生活情境、內在感知、社會知識的多層符碼體系都以多元論述的方式而編織入這本圖像回憶錄當中。由查斯特發現她父母的老態，接著她終於說服兩老住進安養中心，直到他們於二〇〇七年與二〇〇九年分別以九十五歲與九十七歲高齡過世為止，查絲特的圖像總是沿著親子的情緒拔河而發展，逐步爬梳雙親生命的每個轉折，突顯出在每次轉折時查絲特的

情緒拉扯與她父母不想服老、卻又不能不服老的難堪與無奈。

　　敘事學大師費倫 (James Phelan) 從文類的角度來切入，藉此闡述查絲特如何突破文類的限制，打破自傳與非自傳的界線，以寫散文的手法，來抒發、闡述、宣洩糾結起伏的心情，去理解她所無法理解的兩難情境，也透過圖像來捕捉當下的驚愕與不解，梳理、書寫與捕捉她個人在這段對面生死議題時的困惑與無解。費倫認為該書不但打破了文類界線，將時間空間化，也打破了其他讀者對圖像小說或圖像回憶錄的既定刻板印象。一般圖像小說若非圖像與文字並置，則圖像甚至凌駕於文字之上，形成連續數頁只有圖像沒有文字的跨頁連續頁面，而查絲特這本圖像回憶錄則反其道而行，文字的比重明顯加重，而且文字的字體採用仿手寫字體，時而大寫，時而小寫，時而加上底線，時而突然冒出粗體字，有時還加上引號與驚嘆號。藉由各種排版的技巧，各種紙張上可以看到的誇張與強調的做法，她帶出圖像與文字都無法捕捉到的複雜的情緒，以及當她面對她老邁的雙親時的矛盾情懷與驚愕無解。她的圖像有時像是散文的注腳，有時圖像又與敘事者旁白無縫接軌，成為散文的延伸與補充。換句話說，查絲特的圖像本身就扮演描述的功能，而挑戰了讀者對於「描述」的認知與理解。

　　查絲特的圖像小說談論的是死亡，或者更明確的說，這本書談的是身為子女如何去面對與趨近至親他者的死亡過程。故事的情節沒有太多懸疑，也沒有複雜的發展，她的父母即將離開人間，他們逐漸失去他們對身體的自主權與能動性。故事是如此的簡單，故事也有了既定的結局，中間不會再有任何意外，結局也不會有任何奇蹟。

　　然而，雖然結局已定，就在子女面對與照護臨終的父母的過程中，子女與父母的角色開始逐漸翻轉；但是這個翻轉不是突發的過程，也不是一蹴而成，而是在翻轉的過程中，啟動許多過往的記憶，也留下許多心結未解。面對既突兀又必然的「老病死」，照護者與被照護者都沒有充分的心理準備，而父母與子女過往互動中殘留的記憶與未解的情結也不斷介入當下全新的親子關係。每一個細節，每一次互動都是全新的學習，都是在無知中的探索與猜測，也不斷讓必須扮演臨終照顧者的子女經歷各種自責的情緒光譜，而為了空間化、具象化、甚至物質化這種介於理性認知與情緒糾結的種種感知結構，查絲特選擇不斷交叉使用各種圖像、文字、線條、色彩、驚嘆號、大小寫、字型、粗體字，使得她這本有關生命終點的圖像敘事就像是一本有多條音軌的多重合唱樂曲。因為使用了卡通式的人物，情緒表達就受限於卡通人物的刻板表情，而圖像的

文字敘述，也不致於像哀悼文字的長篇鋪陳，更使
得痛苦與恐懼、疼愛與慚愧等情緒都在格框與文字
的「圖溝」與跨頁的空白之間，有了喘息與淡化的
空間。

　　在《我們可以談點更愉快的事嗎》中，查絲特
插入很多單頁單格的漫畫，以及她父親遺物的照
片，這些突兀的漫畫與照片看似與查絲特所經歷的
臨終照顧無關，但藉由交叉編結這種「無必然關
聯」的轉場機制，查絲特在臨終照護的直線敘事
中，加入這種不斷溢出的斷裂時間感，不但為臨終
照護帶出更多元的情感系譜，也更能彰顯出照護敘
事雜沓反覆的時間感性。

　　臨終照護是與時間的拔河，查絲特將照護者的
痛苦、掙扎、猶豫、懊惱、慚愧銘刻在驚嘆號與粗
體字等排版技術上，也反映在照護者的短短自嘲
中。因為沒有散文長篇大論的情緒鋪陳，而以一幕
幕閃過心頭的片斷記憶，來圖像化片刻的情感，使
得臨終照護的凝重議題，得以在交錯起伏的情緒深
度，時而詼諧、時而荒謬、時而悲戚、時而遺憾，
更讓圖像與文字的交錯得以成就「療癒」、宣洩、
淨化的作用。圖像回憶錄未必能解決生死難解議
題，卻能讓面對難解與無解的議題時，得以找到情
感的出路。

《越／美》：跨世代親情糾結的具象化

陳家寶 (GB Tran) 的《越／美》(*Vietnamercia: A Family's Journey*) 於二〇一一年出版，也是一本以圖像為媒介所書寫而成的族裔回憶錄。馮品佳在〈自傳書／畫：《越南美國》中的家族歷史記憶〉中，詳盡說明陳家寶如何以圖像小說的藝術形式而「介入回憶錄書寫傳統」(242)。事實上，《越／美》不但善加利用圖像小說多元並置的結構原則，更藉此來「問題化」回憶錄的文類法則、創傷敘事的再現模式、以及越美族群的身份認同。

首先，雖說這本書是本回憶錄，可是陳家寶的記憶其實是隔代記憶，藉由他人的轉述與追憶而拼湊出來。正因記憶本身未必可信，而追憶時又難免有所增減，記憶的書寫往往也以拼盤的形式呈現。所謂的記憶拼盤就是以一幕一幕的場景呈現，場景與場景之間、記憶與記憶的片斷之間，也往往出現如同漫畫畫格之間與圖溝之間的間白。這些記憶片斷、畫格與畫格之間的組配，彷如修辭學上的「意合」，對等句的前後子句並置，兩者之間的連接詞卻付之闕如，使得並置在一起的記憶片斷，也不斷交錯、重複、編織，正如記憶一般變易而不可捉摸，其中的關係也可以是相互矛盾的，也可以是相互補充的。很多時候，記憶已經不甚可考，僅殘留大致

的輪廓。而這些模糊的記憶也反映在漫畫的筆觸與畫風上，碰到這種時候，陳家寶也會一反他細膩寫實的畫風，而故意輕輕帶過記憶模糊的片斷，以頗為抽象的手法，呈現記憶的的糾結與負擔。例如，當他陪伴他的父親回到越南時，他父親走在故土上卻故作輕鬆，一路上不斷嘮叨著，他並非為了念舊而回來越南，因為「一切都過去了」，「我還有甚麼好在乎的？」(65) 然而在接下的畫頁中，陳家寶在鮮紅的背景上只勾勒出一個他父親倒立的身影，在龐大的身軀上則分隔出六個不規則的畫格，這些畫格中由上而下分別呈現出家寶父親兒時與父母的互動、畢業、結婚、辦畫展、生子的成長歷程。他父親倒立的身影與身上所銘刻的記憶痕跡都暗示，無論父親如何否認，過往的經驗都已經以斷簡殘篇的殘影方式銘刻在他的記憶中，形塑著他的主體，主導著他的行動。

陳家寶並未刻意刻畫記憶中的人物的心理活動，再加上他敘述的故事流轉之間，也沒有明確的分界，使得很多故事彼此呼應，相互闡連，平添敘事的開放性，正如記憶一樣，僅有模糊的形狀，卻又無法清晰的掌控。主體與主體、你的記憶與我的記憶之間的開放性與相互滲透，也似乎反映在該書的書名上。陳家寶並未規規矩矩地將這本圖像小說取名為 Vietnam American（越南美國），

而是很調皮地將這兩個字拼湊成為一個新的字彙
Vietnamerica（越／美），既拉近了、也突顯了越
南與美國的距離。美國既然已經介入了越南的內
戰，既然千里迢迢派兵參戰，將越南當作自家的前
院，美國與越南的邊界早就已經模糊不清。因此，
Vietnamerica 指涉的並非地圖上找得到的越南與美
國這兩個國家，而指向那個藉由戰爭的洗禮與移民
離散的經驗，因而建構出來的新的認同；這個新的
認同既非越南，也非美國，而是介於兩者之間，也
超越兩者。

　　然而，《越／美》仍然如一般移民或離散的返
鄉敘事一般，以雙線與雙焦點來陳述歸鄉的三部
曲：疏離、震撼、妥協。一方面，陳家寶在眾人協
助之下，拼湊出跨代的家族記憶與國族寓言，另一
方面，他也另線發展他身為移民之子在美國的成長
故事。這兩線故事，看似朝相反的方式發展，一方
面重建他與越南家族的身份認同，另外也闡述他在
美國如何開展與演繹他的族裔身份。

　　在這本圖像回憶錄中，陳家寶記錄了他陪伴父
母返回家鄉越南的所見所聞所思，這是趟個人之
旅，也是回憶之旅；記錄了現在、回憶了過去、也
展望了未來。第一章記錄的是父母返鄉後祭祖的儀
式與親友間的大團圓，然後以一幅整頁的畫格作結
(26)，全景的畫格中三個人頭影像交疊，身居中間

的敘事者家寶的左眼與右眼分別與在他兩側閉上雙
眼的父母親的左眼與右眼重疊，似乎暗示父母親雖
然從歷史走過，但是過分切身的經歷反而使得他們
視而未見，唯有借道敘事家寶的重新敘事，他們的
生命故事才能走出感時傷逝的哀悼情懷，而透過家
寶的圖像回憶錄而瞥到未來所開展出的重複而差異
的可能。

　　然而，世代之間的傳承也非建立在血緣關係
上，而是透過反覆溝通的機制而鞏固或腐蝕。家寶
祖父早年投身越共建國大業，疏於與兒子溝通，更
幾乎完全沒有盡到身為人父的養育之職，以至於當
他老年嘗試與自己的兒子修補關係時，父親與兒子
相對兩無言，兩人心靈距離之遙遠由第一九九頁兩
人座椅的距離可見一斑。畫頁中幾乎毫無文字框的
設計，也更加強化了這種距離感。但是就算家寶父
親並未打算原諒他自己父親早年拋妻棄子的行為，
漫畫仍藉由無限延伸最後一個畫格中文字框的箭頭
線條而展演出父與子之間理不斷、扯還亂的聯結。
陳家寶的漫畫賦予了這種無形的連結有形的形式，
讓我們得以看見其存在，感受其跨越時間的情感力
道，但也讓我們體認到這種聯結的脆弱，脆弱到父
子彼此間突然感受到親情的纏繞，卻只覺得這種纏
繞的壓迫感，壓迫到畫面都只有無言的空白。

　　然而，這種纏繞的親情卻也像第廿五頁祭拜祖

先時所燒的香煙一樣，裊裊升起的香煙開展出碎形
般的記憶與想像，讓敘事者家寶能在父親破碎的故
事中拼湊出大致的輪廓，也能將他父親支離破碎的
生命故事鑲嵌他母親不斷向他敘述的她的女人故事
之中。父親與母親、男人與女人的故事又和上一代
和下一代的故事並置，而讓讀者在兩代與兩性的互
動中讀到宗法堅持與宗法的必然消逝，正如那一縷
祭祖的香煙一樣，既以非常拓撲的方式連結在一
起，也以碎形的方式浮現在敘事者的想像中、呈現
在讀者的眼前。這些看似並不相連的記憶，透過敘
事者家寶的敘述而拼湊、糾結、皺褶在一起，串聯
起過去、現在、與未來。

　　家寶敘述的是他與他父母的返鄉之旅。他返回
的是只存在於他母親口中的陌生家鄉；由於他母親
喜愛一邊做飯、一邊講述過去的故事給家寶聽，家
寶的家鄉就存在於母親透過口述而建構出來的斷簡
殘篇，甚至有關於他父親、祖父母等等親友的故
事，都是經由他母親二手傳播而由家寶所拼湊而
成。也就是說，家寶的返鄉之旅提供了他一個機
會，讓他當個文化見證者，重新拼接母親所講述的
故事，由他以一個在美國出生長大的越裔美國人的
角度，繪製出他所重新看到的越南，也從這個碎片
的角度，重新去認識美國與越南所提供給他的拓撲
聯結。

　　然而，對於他的父母而言，他們返鄉之旅卻讓
他們打破了他們的原鄉想像。在離鄉三十多年後再
回到越南，此時的越南已經不再是他們記憶中的越
南。也在這個認知上，他們由他們自認為的越南人
蛻變成為家寶筆下那種睜一隻眼、又閉一隻眼的越
裔美籍移民。因為返鄉，他們才能終於穿越時間的
皺褶，在感懷之餘，再次離開越南，踏上回到美國、
走向未來的另一趟返鄉之旅。

　　返鄉之旅讓家寶與父母同時走入越南的現在、
他父母的過去、他與他父母的未來。在返鄉的過程
中，隨著他們在故土行走的足跡，他父母的記憶也
因為不同的物件而啟動，而不斷地跳動，時而跳回
去法國殖民時期，檢視殖民者與被殖民者的交逢所
造成的各種物質、政經、文化、心理的遺緒；時而
跳至冷戰時期淪為冷戰戰場的越南，而檢視冷戰時
期越南人如何成為戰廢品。這些大歷史衝突成為陳
家寶的《越／美》的前景與背景，而為返鄉之旅增
添一絲進步的意涵（越南終於獨立），但是轉回個
人的記憶，返鄉之旅又是逆向時間之旅，在家寶父
母遍尋過往的痕跡而未果時，這也為返鄉之旅增添
了一絲失落、沮喪與空白的時間感性。

情生意動

圖像回憶錄的崛起反映出視覺導向的書寫方式與
拓撲式的感性配置的影響。當代圖像藝術家善加利
用混搭文字與圖畫的漫畫為媒介來爬梳過去,藉此
不但透過圖畫而呈現記憶的斷簡殘篇,而激盪出不
同時間向度的情感與意念,同時也藉由文字的陳
述,並置記憶中的過去與想像中的過去。藉由文字
與圖像的拼貼,以及現在與過去的並置,圖像回憶
錄重新組配了可知、可見、可思的感性配置,並建
構出與記憶中的過去息息相關、卻又有別於過往經
驗的自我書寫。更重要的是,過去與現在的並置使
得圖像回憶錄的時間在直線發展中展現曲線的繞
道,而在曲線與直線的時間斷裂中展演出看似無關
的人、事、物之見的創意聯繫。

陳福財

劉敬賢 Sonny Liew —— 著
黎湛平 —— 譯

漫畫之王
陳福財
的
新加坡史

The Art of Charlie Chan Hock Chye

貓頭鷹

▶ 劉敬賢著、黎湛平譯,《漫畫之王陳福財的新加坡史》
(臺北:貓頭鷹,2022) p.290;感謝貓頭鷹出版授權刊用。

肆
紀實漫畫

劉敬賢 (Sonny Liew) 的圖像小說《陳福財的藝術》(*The Art of Charlie Chan Hock Chye*) 於二〇一七年獲得漫畫界奧斯卡獎艾斯納獎 (Eisner Award) 六項提名，最後榮獲最佳作家／畫家、最佳出版設計、最佳國際漫畫作品三項獎項。這本介於自傳、傳記、紀錄、歷史之間的圖像小說迫使讀者必須要提問：這本圖像小說可以放置在讀者所理解的漫畫版圖中的那個區塊呢？經過漫畫家主觀介入而符號化與圖像化的歷史事件，與小說家透過文字所闡述的歷史事件？紀錄片透過影像所呈現的歷史事件之間的差異何在？透過漫畫來講述歷史故事、見證歷史傷口是否有失真、偏頗之嫌？漫畫可以當作紀實的工具嗎？最後，除了紀實與見證

之外，作為一種語言與符號媒介，漫畫的視覺媒介特質，以及漫畫對於「摹仿」的拒斥，是否使得漫畫具備了特殊的物質性 (materiality) 與可塑性 (plasticity)，足以鬆動傳統歷史敘事中模擬符號與真實指涉之間的緊密而單一的對應關係，召喚出具有再次創造力道與重構記憶的「去熟悉感」？

也許傳統歷史小說、新興的紀錄片、以及正在崛起的圖像歷史／傳記／新聞都未必能夠完整再現歷史事件的真實面，但是無論歷史小說、傳記文學、新聞紀錄，他們都運用不同的媒介組合，動員不同的操作機制，藉此開展出不同的感知力道，而改變讀者對歷史的認知、突顯出歷史的多層皺褶，也都值得深度探討。以《陳福財的藝術》為例，劉敬賢捨棄線性歷史的因果邏輯，而援引各種不同風格與體例的漫畫來拼貼新加坡的近代歷史，藉由歷史的空間化、風格的衝撞、時間的並置，企圖在空間的夾層中，重新發現新加坡歷史發展中被壓抑的、遺忘的、失落的聲音、身影、故事、記憶，進行歷史、權力、意識型態的批判。

然而，作為一本以漫畫來見證、記錄、翻新歷史的漫畫傳記，《陳福財的藝術》延續、呼應、深化了從史畢格爾曼以降以漫畫見證歷史的另類漫畫文類，也彰顯出這類以記錄歷史為導向的漫畫的政治動機、倫理訴求與美學探索。圖像與文字的混

雜、真實與虛擬、不同時間點發生的個別歷史事件
在《陳福財的藝術》中的堆疊並置，突顯出圖像敘
事已經發展成為一套新的視覺符號與美學，不但改
變讀者對於「甚麼是看得見的」、「甚麼是值得看
的」的視覺邏輯，並藉由圖像、意象、文字的組裝
與部署，開展足以見證歷史現場、傳遞情感、逆轉
失憶與失能的美學動能，也藉由漫畫的風格形式，
引領出以未來為導向的歷史想像。也就是說，這個
章節所要提問的問題意識是：如果這些圖像藝術家
操作漫畫為紀實的媒介，並不僅僅將漫畫視為傳遞
苦難、見證現場的工具，則漫畫對於歷史現場的轉
譯，又開展出那種社會的介入、帶出那些不同的歷
史知識的生產、流轉出哪種情感流動與感性部署？

　　換句話說，紀實漫畫這個詞彙就隱含了這個以
紀實為導向的漫畫的內在形式矛盾：以漫畫這種非
寫實的媒介來記錄歷史事件是否真能記錄當下、見
證在場、再現過去；如果紀實的漫畫真的記錄了某
種真實，它所反映、表達或捕捉的真實又是哪個層
面的真實：公眾歷史的、個人記憶的、事件事實、
主觀感受等等？怎樣的紀實漫畫具有敞開論述與開
展情感的政治向度？紀實漫畫的敞開性來自於意象
或圖像本身的內在形式安排、還是來自於圖像與圖
像、圖像與文字（也就是畫格與畫格、圖框與圖
框）之間的部署效應（無論是序列排比、或是層次

堆疊），還是其他？如果紀實漫畫已經啟動了一場
寧靜的閱讀運動與美學革命，它又如何呼應了新世
代讀者面對多元媒介（繪畫、照片、文字、甚至聲
音）所發展出的多元感官閱讀操作，如何挑戰讀者
視而不見、感而不受的視覺思維，進而脈絡化讀者
的歷史認知？

　　在前一章中，我聚焦剖析自傳性圖像小說作者
如何運用圖像敘事的媒介特質（圖文交疊並置；時
間的空間化；序列敘事的斷裂、停頓、留白；圖像
敘事的感性文法等）來見證成長、爬梳過去、並動
員感知。接下來這一章則將延續前面章節的主題，
仍聚焦於圖像媒介的運作上，但轉向討論圖像歷史
／紀錄／新聞這個次文類。

　　既然所謂的「紀實漫畫」並置與混搭了「紀實」
與「漫畫」，在論述框架上牽涉到（一）學界對「何
謂漫畫」、或者「漫畫文法」的理解；（二）學界
對「紀實」或「紀錄」這個文類的爬梳；以及（三）
「紀實」與「漫畫」之間的相互對話所開展出的新
的美學與政治上的可能。就理論框架的探討而言，
上述三點當中的第三點絕對又是論述核心，然而為
了能夠深度思考「漫畫」為何可以「紀實」、「漫
畫」又如何「紀實」、以「漫畫」來「紀實」又能
啟動那些意義、強化那些歷史知識、激盪出那些政
治反思，我們就必須先釐清「漫畫」與「紀實」的

定義、文化功能等等。

　　十九世紀以來，隨著照相機的普及，錄音與攝影技術的精進，有識者（包括新聞記者、科學家、藝術與電影工作者）開始使用照相機、錄音機、攝影機等記錄歷史經驗，造就了以紀實為主要目的之紀錄相冊與紀錄影片的崛起；當然，除了記錄歷史，這些照片與影片也曾經介入現實與政治、改變公眾意識、影響歷史之發展。事實上，以照片或紀錄片來見證歷史的相關研究至今已累積到汗牛可充棟的地步。例如，眾所公認的紀錄片之父葛里爾森(John Grierson) 首創「紀錄片」(documentary film) 一詞，並早於一九三三年已經撰文指出，紀錄片乃是一種「對真實的創造性處理」("a creative treatment of reality") (8)，而並非如其字面所強調，僅僅為了忠實反映現實而記錄現實。葛里爾森雖然開啟了紀錄片研究的濫觴，但是當代的紀錄片研究則由尼可爾斯 (Bill Nichols) 於一九九一年出版的《再現現實》(*Representing Reality: Issues and Concepts in Documentary*) 才真正掀起論述之熱潮。這些相關研究採取的方法學不一、動機不同、取徑有同有異，其中許多研究都環繞在記錄現實的媒介技術（照相機、攝影機、錄音機等）所扮演的雙重、卻又相互矛盾的功能：既能彰顯現實、卻也遮蔽現實；既以具有物質性的本體而存在 (presence)、在記錄現實

的過程中卻又必須缺席退位 (absence)，藉此以突
顯現實的真實主張 (truth-claims)。

　　當然，紀錄片研究方興未艾，近年來還有不少
新興觀點，值得深究。然而，就我個人的研究而言，
我對紀錄片的切入點，並不在於定義、分類、文獻
檔案的爬梳與方法學的探討，而在於探討紀錄片對
於記錄現實的視覺媒介（畫筆、照相機或攝影機）
之倚賴。紀錄片研究對於紀錄片如何再現、記錄、
指涉、連結現實世界討論甚多，雖然研究者並非天
真或盲目地堅信紀錄片必然能夠記錄、再現現實與
當下經驗，但是視覺媒介的操作卻必然是紀錄片的
必要形成條件，而當這種媒介以再現真實為主要訴
求時，問題就因而浮現。當漫畫作為記錄現實經驗
與過往記憶的媒介時，漫畫作為中介現實的媒介，
它的媒介遮蔽性就成為逼視現實的工具。

　　舉例而言，當讀者與學界也認可史畢格爾曼的
《鼠族》、莎塔碧 (Marjane Satrapi) 的《我在伊朗
長大》(Persepolis)、薩科的《巴勒斯坦》(Palestine)
亦達到記錄歷史與見證創傷的目的時，則讀者不得
不思考：當這些漫畫作家採取手繪圖像的方式來記
錄現實時，讀者是否也可將這個頗為原始的媒介
（漫畫）視為與照相機或攝影機具有同樣批判力道
的紀錄媒介與工具。再者，當這些作家選擇以漫畫
為媒介而紀實，紀實漫畫是否因而以提問之姿，突

顯出紀錄片倚賴機械式或數位式視覺媒介來紀實時，可能衍生的認知與論述侷限。因此，我在這一章中擬由漫畫出發，而由近年來紀實漫畫的多軌發展反向切入紀錄片研究，而呼應、思索並回應紀實漫畫對於「紀實」作為一個批判概念所拋出的深刻提問。

修特在《圖繪災難》(*Disaster Drawn*) 一書中指出自從十七世紀以降，歐洲藝術家已經開始混搭圖文，藉此來記錄戰爭的暴力所衍生出的各種創傷。紀實圖像小說之特殊之處，在於其中創傷經驗的視覺化。創傷的視覺化使得創傷得以產生即身性 (embodiment)，似乎讀者親身目睹、甚至經歷了這些創傷事件，感受到受害者身體的疼痛與磨難。因為創傷經驗的歷歷在目，而讓讀者也成為創傷事件的見證者，見證了書中受創者的創傷，經歷了受創者的身體疼痛，感受了受創者的感受。圖像小說的漫畫「延展了已在創傷論述中成為老生常談的不可再現與無法想像的說法，也就是密歇爾 (W.J.T. Mitchell) 所謂的『創傷理論對不可再現說之崇拜』」(2016: 17)。修特堅持認為漫畫能夠再現創傷：「漫畫很動人地、堅定地去記錄、展示、部署。漫畫投入經營各種壯觀的場面，而不是逃避。他們冒著風險再現創傷」(2016: 17)。也正因為「漫畫文本可以給予失落的歷史和身體具體的形狀，漫

畫從而提供讀者了「新的視角」(a new seeing 2016: 38)，得以由「即身性」的層次來理解創傷。

修特關切的是倫理、見證、同理心等議題，她因而認為圖像小說更著墨於痛苦與創傷場景的重建，透過具體的創傷場景的重現與文字的闡釋，而形塑讀者對於受創者悲慘遭遇的同理心與認同感。也就是說，在紀實戰爭創傷的圖像敘事中，漫畫家成為了以漫畫來紀實的歷史學者，而讀者則被引導透過視覺語言而見證歷史。舉例而言，修特詮釋《加薩注腳》(Footnotes in Gaza) 時，不但聚焦在薩科與他者之間的倫理對話，她更認為這種倫理對話更是透過漫畫所召喚出的感知所完成的。修特雖未使用同理心這個詞彙，但是她在解讀《加薩注腳》時，卻特別強調薩科漫畫對於痛苦這個感受的著墨，透過痛苦感，薩科得以進駐 (inhabit) 他者的身體與經驗 (2016: 206)，痛其所痛，苦其所苦，進而認可他者，將他者個性化。

修特以見證倫理的角度切入《加薩注腳》，強調記憶的重建與同理心的運作。鄧斯特 (Alexander Dunst) 則指出修特的研究取徑展現出「嚴肅的政治與哲學問題」(173)。相對於修特將創傷倫理化的角度，鄧斯特則嘗試將創傷政治化。他先從哲學詮釋的角度出發，而批判修特的解讀過分突顯創傷與記憶，因而不斷擺盪在見與不見的辯證，糾結於頗

具爭議性的認同政治的框架（例如，他質疑薩科似乎暗示巴勒斯坦人需要西方新聞記者的中介才能喚起創傷的記憶）。另外，從政治的面向來看，鄧斯特亦認為倫理導向的解讀必然會視巴勒斯坦人為受害者，而視而不見他們在困境中所展現的能動性，以及抗爭力道 (174)。也就是說，正因為修特強調倫理、創傷、記憶與見證，所以修特才會宣稱《加薩注腳》是本以痛苦感受為主軸的書，而不是本以不公不義為主軸的書。迥異於修特，鄧斯特選擇由這本書的政治面向出發，強調刻畫創傷固然重要，漫畫作為創傷與人權論述的媒介也至為重要。唯有借助於形式的媒合，人權論述的情感結構，以及見證模式所彰顯與淬鍊出的「創見」(an original idea)才能以浮現。

　　鄧斯特因而批判修特這種倫理導向的閱讀為並不具備政治的動員力道，也無法開啟未來想像，因為這種解讀未能彰顯出「薩科作品中異國差異情懷的糾纏，並掩蓋了其取徑人道主義而逕行干預的帝國權力」(168)。倫理批判「在將政治與倫理相結合的過程中，忽視了薩科顯而易見的政治美學和《加薩注腳》透過漫畫媒介而成就的形式創新」(168)。也就是說，雖然聚焦創傷、強調見證、啟動同理心確實可再現不公不義的人權迫害，但是從政治美學的層次而言，漫畫作為人權論述所使用的

形式、媒介與模式也至關重要。

　　相對於鄧斯特對於政治美學的強調，我們亦可以借助洪席耶 (Jacques Rancière) 對美學政治、視覺藝術與感性分享之間的相關討論來理解政治與美學之間的關係。如果對於洪席耶而言，政治與美學之間的共通點在於兩者皆致力於「重新配置我們對時間與空間、言語和沉默、可見和不可見的分割與感受，論述或話語所展開或展演的形式決定觀者能夠理解、看見、與述說的可能」(2004: 13)，則我認為劉敬賢的《陳福財的藝術》、史畢格爾曼的《鼠族》、莎塔碧的《我在伊朗長大》、沙科的《巴勒斯坦》等經典紀實漫畫亦具備足以爬梳、翻新、或重新配置這種感性的可能，進而開展出新的觀看、表述、感受的可能性，使新的主體性得以浮現，並招喚出不同的歷史知識與感覺。

　　洪席耶對於創意美學的觀點呼應、也延展了葛里爾森在討論紀錄片時對創意的重視。雖然洪席耶仍然不免俗地重彈紀錄片研究的基調，強調錄影與錄音等技術操作為紀錄片的最基本的組成元素，但他也反覆強調美學介入的重要性，甚至指出製片人的主觀感受亦可成為界定現實的具體證據 (evidence)。洪席耶在討論電影美學時，強調電影導演仍需透過操弄「無聲的影像」(mute images)，經由刻意的排序，而以「異質圖像」(heterogeneous images) 之組合 (2006: 158)，才能開展出各種可供詮釋的脈絡化的認知意義和情感共鳴。正是因為這種具有美學意涵的技術性操作，才啟動了紀錄片讓觀眾得以「看所未見」、「聽所未聞」、「思所未思」、「想所未想」，透過美學的介入讓觀眾重新理解歷史、看待世界，使得新的感知方式成為可能。

洪席耶的觀點不但呼應早期研究者葛里爾森的看法，也與另外幾位紀錄片學者的看法有異曲同工之妙。例如，布魯茲 (Stella Bruzzi) 在《新紀錄片》(*New Documentary: A Critical Introduction*) 中指出，與其將紀錄片視為一種紀實，不如將紀錄片視為一種展演，媒體鏡頭則是紀錄片工作者創意展演與刻意詮釋真實的媒介，而紀錄片則是展演的平台，一個使得紀錄片工作者得以協商、搬演、重構形式表現與真實內容的展演平台。然而，雖然大部分的紀錄片研究者將這種透過鏡頭操作而帶出特定政治動機的紀錄片視為諸多紀錄片類型中的一種（尼可爾斯對紀錄片六大分類其中的一類），但洪席耶則反其道而行，將「創意展演」視為紀錄片最基本組成的原則與支撐。他直接挑戰電影研究中，將影片分為虛構與非虛構這種虛妄的二元分類作法，而呼應早年歷史學者懷特 (Hayden White) 高舉「虛構」這個概念來鬆動歷史學文獻研究之權威性的做法。因

此，洪席耶特意模糊紀錄片與劇情片的差異，而指
出兩者都可視為「一套包含了再現的行動、拼湊的
形式與連貫符號的『系統』」(2006: 158)。不過，
洪席耶也並非完全無視紀錄片與劇情片之差異，只
不過對洪席耶而言，這兩者之間最重要的差別在
於，劇情片視「真實」為一種被製作出的效果，但
紀錄片將視「真實」為一個必須透過媒介的操作而
來理解與詮釋的美學問題。對洪席耶而言，紀錄片
的政治／美學價值就在於紀錄片將所謂的日常真實
生活帶入了藝術的領域，以看似粗糙的手段，大剌
剌地呈現生活零碎與生猛，藉由藝術與非藝術、虛
構與真實、非常與日常的並置，反而造成了「異識」
(dissensus) 的效應。

這種「異識」與新批評的「去熟悉化」、前衛
藝術的「否定美學」有所不同：文學或藝術創作者
或許會有意識地採取震撼策略或否定姿態，來挑戰
或顛覆主流美學體制與其價值，但由洪席耶的角度
來看，當「文學或藝術作品將故事切割成片斷，將
鏡頭下的影像拼貼成故事，將各種語音與身體、聲
音與影像、時間壓縮或拉長」時 (2006: 158)，因為
無聲與無言的影像的介入，文字與影像之間有了不
同的配置，使得主流共識的語言與意義就有了異識
的可能。這種異識感不僅源自於作品的內容、或者
形式，更是透過連結與轉換不同感官媒介，使得互

斥的元素與相應而生的感覺區塊得以並存，甚至相
互衝撞、摩擦，而產生轉換。也就是說，原本毫不
相干的媒介因此而產生了互動，突顯出了形式上與
內容上的吊詭，從而使得原本想當然爾的想法與感
覺被拆解、被質疑，而新的感覺得以浮現，新的認
知得以成形。在討論紀錄片時，洪席耶特別強調紀
錄片是由兩種不同媒介或者美學所組合，藉此而結
合了影像記錄技術的升級（使得無聲的影像得以發
聲）與散文詩歌表達方式的創新（使得蒙太奇式的
物件或事件得以串連），而體現出兩種型式互斥或
交雜的感知區塊的持續互動與演繹。

　　不過，洪席耶並不認為異識的產生完全受制於
創作者主觀的意圖，也不完全由「去熟悉化」或「否
定美學」等策略操作而決定，他反覆強調，藝術確
實具有異識的政治潛能，但是正如紀蔚然的《別預
期爆炸：洪席耶論美學》的中文書名所明確標示，
在思索美學的政治潛能時，我們「不能預期爆炸。
如果預期爆炸，就要冒著阻礙藝術，或讓藝術脫離
自身法則、自我進程的風險」(18)。但是，如果我
們不能預期或刻意藉由藝術達到顛覆、改寫、革命
的目的，我們又要如何重新看待與論述藝術或美學
呢？

　　就我的理解而言，雖然美學的政治潛能無法被
預設，但是我們仍可藉由爬梳歷史，而由藝術本身

「無用之用」的吊詭——藝術的效應雖無法被預設，但藝術的效應與影響卻有目共睹——來討論藝術如何透過蒙太奇、拼貼、混搭、並置等等「感知的配置」(distribution of the sensible)，或可激盪出「意合」(paratactical) 效應，藉由看似矛盾乖張的形式並置，讓不可見的可見，讓聽不見的耳聞，而翻轉或挑戰主流的感知配置。洪席耶對於感知配置、意合修辭等的討論，也正是我在之前討論世界文學的相關研究中的主要關懷（張淑麗 2016a: 75），也呼應圖像敘事研究中對於圖溝與留白的相關討論。也就是說，由紀實漫畫既虛且實的美學形式出發，我們亦可進一步思索與討論紀實漫畫如何翻轉或挑戰可見與不可見、可想與不可想、可說與不可說、可享與不可享、可感與不可感的配置。

　　也就是說，這個章節最重要的提問在於，漫畫如何紀實，而漫畫所記錄的現實又為何？漫畫何以感動人心、帶出情生意動、啟動不同的歷史認知與時間感性？我個人認為漫畫藉由堆疊多元媒介、框格的重複排比等等美學形式的介入，而啟動異識，開展出紀實漫畫的政治潛能與美學力道。在我為馮品佳主編的《圖像敘事研究》撰寫的前言中，我曾提出漫畫的「漫」所指涉與蘊含的蔓延、增擴、衍生、變溢、連結 (ix)，漫畫的「畫」所包含的畫／話、敘述／陳述／描繪等等相關的意涵，在在呼應

洪席耶對於美學政治的論述。這更強化我目前的立場：使用漫畫這個詞彙更能帶出「漫」的流變所能開展出的感知再部署。格榮斯帝恩的編結說也支撐我的觀點。霍斯柯德在闡述格榮斯帝恩的編結說時，特別指出圖像與圖像之間的排列，未必產生順序或連續的效應，而更常以堆疊、破格、破框、重複等方式，錯置故事的時間，而產生複層的編結效應，因而更能突顯出圖像小說非寫實、卻紀實的形式與內文之間的張力，並達到塑造、烘托、強調氛圍的效果。霍斯柯德因而認為，讀者若能撇開線性閱讀的習慣，而啟動「同時性」閱讀 (simultaneous reading; 38)，才能看到圖像小說藉由堆疊、重複圖像而突顯出的人與人、人與物之間的看似毫無關係的親密關係。

　　換句話說，紀實漫畫跳出「模擬再現」的邏輯，藉此打破圖像符號與真實指涉之間的同一對應關係。舉例而言，人臉可以以自然寫實的方式呈現，也可以採取誇張眼部線條、簡略其他五官的方式呈現，甚至可以以一個簡單的圓勾勒出臉部外框，再加上兩個內鑲的小圓勾勒眼睛、一個兩端向上的圓弧表示嘴巴。不但漫畫的圖畫因其簡略、抽象之程度不同而啟動具有動能的流變，漫畫更可能因為畫框與畫框之間的構圖（鑲嵌、大小、角度）與佈局（工整格局、破格、破頁）而形成不同程度的呼

應、填補、質疑。以其中的破格與破頁的頁面布局
而言，畫格與頁框之間，因為缺少了部分的框線，
塑造出情節與情感上的既離又合的溢出與連結的效
果，也拉扯出意義上的流變、情感上的轉折。再者，
漫畫將畫格並置排比，產生時間空間化的效應，亦
可將過去、現在、未來並置；漫畫更可藉由真實的
照片與主觀的手繪漫畫的交叉運作，而形成科學數
據、歷史背景、大歷史與小人物的跨時空對話，產
生各種旁枝細節，而形成語言文字所無法捕捉的感
知團塊。

《陳福財的藝術》

劉敬賢的《陳福財的藝術》是本介於傳記／報
導／虛擬小說之間、難以分類的圖像小說。作者劉
敬賢宣稱繪製此書的目的在於向一位新加坡的漫畫
大老陳福財致敬。該書追述陳福財一生困頓的藝術
生涯，書中不斷穿插陳福財在各個創作階段的漫畫
創作摘錄，每則摘錄都反映出陳福財以漫畫為媒
介，對於新加坡當代歷史發展的詮釋與見證。也就
是說，劉敬賢為陳福財所做的傳記，既可被視為陳
福財的生命敘事，也可被當作小人物眼中所記錄的
新加坡的大歷史敘事。再者，敘事者／作者劉敬賢
更不斷以卡通人物之姿，於邊框中插入個人提問與

批判，補增讀者對於發生在新加坡過去的歷史事件的當代詮釋，展演歷史傳記的多元演繹。當然，收編在該書中的陳福財的漫畫，以不同的風格與主題，處理、記錄與回應在不同時期的歷史事件，也使得零落散落在該書不同章節的陳福財漫畫得以用旁插與注腳的方式，勾勒出陳福財眼中的漫畫風格發展史，也展演出漫畫不分邊界的塊莖影響與發展。

首次閱讀《陳福財的藝術》的讀者的最大震撼應該在於掩卷之際才愕然發現劉敬賢筆下的陳福財原來也只是個虛構出的漫畫家，而書中收錄的陳福財的漫畫其實都是劉敬賢根據他的虛擬再現思維所虛構而成。也就是說，劉敬賢在《陳福財的藝術》中，動員了漫畫的所有間介性，迂迴繞道漫畫的虛擬再現，卻啟動了漫畫的漫無目的、漫無章法所能成就的流動與轉變，甚至模糊了虛擬與真實之間的距離。一旦美學化的歷史想像由寫實的、再現的、模擬的主流認知場域解放出來，政治上也有了其他的可能想像，甚至由李光耀所主導的新加坡歷史史觀中找到的逃逸的出口，在歷史的必然中蹦變出其他的可能。

《陳福財的藝術》雖然獲得艾斯納獎項的肯定，但新加坡政府卻以「製造政治紛亂」、「維護社會穩定」為名收回當初對此書的補助，然而此舉

卻逆向推高了該書的知名度，歷史學者也順勢提
出這本書建構出新加坡的另類 (alternative) 歷史或
包容 (inclusive) 歷史的說法。國際上對此書頗為推
崇，除了盛讚該書讓世人更加瞭解新加坡複雜的歷
史發展脈絡之外，書評家也不忘稱許劉敬賢的藝術
成就，尤其他在書中以虛擬傳記人物陳福財之名而
創作的各式風格、各種主題的漫畫，更被視為他藉
由風格的展演與主題的實驗而對前輩漫畫大師致敬
之舉。例由，荷頓 (Philip Holden) 就抱持這種觀點，
由此出發來論述劉敬賢如何操作漫畫的視覺符號系
統，而提出另類的後殖民歷史觀，也藉此彰顯漫畫
這個媒介如何透過書寫歷史來從事歷史的「救贖」
工程。

　　《陳福財的藝術》於二〇一六年甫出版，目前
討論這本漫畫書的文章不少，但多以書評或部落格
的形式出現，觀點大致相同，有些讀者從新加坡歷
史的角度出發，有些著重於漫畫藝術的成就。我個
人則寧願從劉敬賢對於「虛擬」與「真實」的推敲
與翻轉切入，探討劉敬賢如何部署與拓展漫畫的各
種「間介」，藉由漫畫線條、構圖、符號、照片的
相互指涉、符號與現實的呼應，而重新詮釋所謂的
新加坡成功故事(the Singapore story)，藉此來延展、
漫生、增補其「該發生而未發生」、「可看見而未
見」的各種可能發展。我認為，藉由這種閱讀取徑，

更能突顯出漫畫的漫讀與流變邏輯，藉由想像的增補蔓延，而啟動思維上的民主與自由。

　　舉例而言，在該書其中兩頁對開的頁面 (128-129) 中，劉敬賢拼貼了虛擬作者陳福財的漫畫作品《雜燴街野餐》(*Bukit Chapalang: The Picnic*) 的草圖、《雜燴街野餐》所影射的政治人物的大頭照、以及一頁敘事者（劉敬賢在書中的分身）以新聞記者之姿，出沒在新加坡的街頭，邊走邊解釋「虛擬」與「真實」、「主流歷史」與「另類裏史」之別的連續畫格。《雜燴街野餐》為虛擬作者陳福財的政治諷刺漫畫，頁面上的草圖看似因歲月沉澱而暗黃，漫畫的周邊還有膠帶拼貼的痕跡，這些斧鑿之痕無非是要製作出「真實」的效果，而看似「真實」的作品卻又以最不入流的漫畫透過簡單化來捕捉在新加坡立國之初的複雜不已的政治態勢，並藉由形式的簡單化而帶出歷史進程中被忽略的故事、被遺忘的身影（與李光耀同時期、也對獨立做出巨大貢獻的工人運動領袖林清祥）。藉由左頁與右頁的並置，不但在主流歷史的皺褶中重新拉出另類歷史的痕跡，也藉此並置虛擬的作者陳福財與被歷史給虛擬化的林清祥。陳福財在藝術創作上的受挫與林清祥在政治攻防上的失敗都只是歷史演變的一種結論，但是拉回到藝術創作的進程與政治理念的操作層次上，陳福財的漫畫藝術在風格上、題材上、

手法上的各種轉折與創新，卻都讓讀者不禁唏噓不已。無論是陳福財或是林清祥，他們都是新加坡藝術史與政治史上應出現或崛起而未出現或崛起的人才。劉敬賢的《陳福財的藝術》以碎片的形式展演，讓讀者不得不思考：是甚麼樣的社會使得藝術與政治不得爆發呢？

劉敬賢用漫畫來寫新加坡的近代歷史，他也用漫畫來見證漫畫的發展史，以不同的風格展演來向前輩漫畫家致敬，漫畫在他的筆下，展現了更多的表達與創造潛能。

《加薩注腳》

如果紀實漫畫可以作為一種文類、或者批判概念的話，薩科絕對是使用漫畫來見證與批判歷史的重量級漫畫家。薩科從一九九三年出版《巴勒斯坦》開啟了「漫畫新聞」(comics journalism) 或者「漫畫報導」(comics reportage) 的濫觴。一九九三年以降，薩科除了延續發展以巴衝突的主題，於二〇〇九年發表了《加薩注腳》，並另於二〇〇〇年與二〇〇九年分別發表了以波士尼亞戰爭 (Bosnia War) 為背景的兩部紀實漫畫《戈拉日代安全區域》(*Safe Area in Goražde*) 和《線人和其他故事》(*The Fixer and Other Stories*)。近年來，薩科的漫畫吸引了不

少學界的目光，相關的研究越來越多，二〇一五年沃頓 (Daniel Worden) 更彙編出版了以薩科的漫畫為主題的專書《薩科的漫畫》(*The Comics of Joe Sacco*)，分別由「新聞報導」、「空間政治」、「政治美學」與「視覺化歷史」的角度探討薩科的紀實漫畫。

　　既然選擇由「紀實」的角度切入，來閱讀薩科的漫畫，就不能不參考修特於《圖繪災難》中提出的論述框架，以及其中第五章對薩科的《戈拉日代安全區域》與《加薩注腳》的相關討論。修特在書中探討漫畫媒介如何見證歷史災難、批判政治霸權。修特認為在薩科的筆下，漫畫成為見證歷史的媒介，為人類苦難勾勒出具體而微的圖像。修特將薩科的紀實漫畫視為另類歷史，而薩科也就是一位業餘的歷史學家，也是一位以視覺媒介來見證歷史災難、暴力與創傷的見證者。也因此，她的問題意識在於：漫畫家如何由庶民、邊緣族群的角度來看到歷史報導中看而不見、知而不曉、聽而不聞的苦難。為了闡述漫畫的「圖溝」所衍生出的感知「間白」及「補完」閱讀效應，她挪引了費爾曼 (Shoshana Felman) 的創傷見證說法，而將紀實漫畫視為另類的創傷見證，並認為薩科的歷史見證者具備深刻的倫理向度。例如，她認為薩科在他的漫畫中幾乎未曾複製任何一張照片，但他卻藉由操作漫

畫的圖文並置與堆疊，而賦予畫格與畫框在空間部
署上的複層時間或歷史感，為讀者召喚出「身歷其
境的情懷與氛圍」(2016: 228)。

　　修特因而認為《加薩注腳》是「一本有關感知
(sentience) 的書，傳遞出的是感受 (sensation)；與
其說這是本有關權利與公義的書（不公不義太顯而
易見），不如說這是本有關痛苦的書，因為這本書
探討了一個人如何理解另一個人的主體性」(2016:
250)。修特進一步解釋，為了能設身處地去瞭解與
感受他者的苦難，薩科的訪談聚焦於創傷事件的大
大小小、瑣瑣碎碎的細節，包括倖存者當時在做甚
麼、與甚麼人在一起等等。正因為薩科對細節的著
墨，他發展出一套著重細節的細節美學，也因而使
得他陳述的見證節奏緩慢。而這種緩慢的敘事節奏
反映出他的「倫理認知」(ethical awareness) (2016:
201)。靠著這種透過細節而見證歷史的作法，薩科
「藉由漫畫而創造出足以與官方歷史抗衡的對抗式
檔案庫 (counterarchive)……他『繪圖說故事』，說
的是他者的記憶與見證，卻不將這些記憶繞道轉換
成為他自我理解的故事，不將這些見證轉化成為易
於消化與消費的故事，而很清楚表達他為迥異的他
者負責的想法」(205)。

　　修特關切的是倫理、見證、同理心等議題，她
因而認為圖像小說更著墨於痛苦與創傷場景的重

建，透過具體的創傷場景的重現與文字的闡釋，而形塑讀者對於受創者悲慘遭遇的同理心與認同感。她援引卡露絲 (Cathy Caruth) 的創傷理論，而強調創傷的傳遞牽涉到傳遞過程中的反覆回返，以及傳遞的媒介：受創者聽到的聲音需要轉換為其他媒介（包括文字與圖像），轉換的過程往往產生時間上的延遲，傳遞的過程又可能召喚出的感性共享等等。再者，漫畫固然可以賦予不可言說的創傷可見的圖像，但有鑑於漫畫牽涉到畫格與畫格、畫格與圖溝、畫格與頁面等多元的關係，漫畫需同時動員各種不同形式機制，才能召喚出不可言說的感知，並非僅透過痛苦的場景就足以提供讀者新的閱讀視角。

謝爾 (Rebecca Scherr) 則更進一步指出漫畫的畫格與圖溝交織構成漫畫的基本結構，畫格呈現可見圖像與意義，畫格與畫格之間的圖溝卻也需要讀者填補意義，而呈現看不見、卻具體存在的意義。畫格與圖溝之間展演出「可見」與「不可見」之間的辨證。謝爾認為薩科的《加薩注腳》巧妙地操弄畫格的框架，而突顯出畫格框架之外的「不可見」、與「不可知」，以此影射巴勒斯坦人的創傷不但「不可見」，更「不可知」。維爾雅恩 (Jeanne-Marie Viljoen) 則認為隱藏在巴勒斯坦人的歷史創傷背後的還有一種更為根本的「隱形的暴力」(invisible violence)，這種暴力有其結構性的存在，使得巴勒斯坦人無從抗衡，只能持續為其踐躪。維爾雅恩認為薩科藉由漫畫而得以讓這種無形的暴力現形，並突顯出無形暴力殘存於身體的記憶殘餘。也就是說，修特認為薩科的漫畫因為能具體呈現「身體疼痛」的場景，而得以再現創傷，謝爾與維爾雅恩則仍認為薩科的漫畫善加運用漫畫的抽象繪圖的特質而彰顯出巴勒斯坦人的歷史創傷的「不可見」，只不過謝爾強調薩科突顯「不可見」的創傷，目的在於展演出巴勒斯坦人所呈現的創傷之「無法理解」，而維爾雅恩則著墨於巴勒斯坦人所承受的創傷的源頭雖不可述，但有其結構上的因素，使得他們承受了「無解」與「無形」的暴力。

謝爾以《加薩注腳》其中的一個章節「共謀」("Collusion")為例來說明她的觀點。在這個僅有五頁的章節中，薩科梳理了一九五六年以巴戰爭的歷史背景，在其中一頁中，第一層呈現的是一口出現在暗夜背景中的沙漠油井，第二層則是一艘艘正在通過運河的船，最下面一層的右邊畫格則顯示出一群達官貴人正走進一棟官邸。這三層畫格分別暗喻造成以巴戰爭的國際各方勢力的角力：油田的爭奪、船運的利益、武器的買賣等等。在接下來的一頁，一場戰爭隨即爆發。一格一格並不相連的畫格以蒙太奇的方式出現，讓讀者看到坦克車、傘兵、

士兵、戰艦、直升機的相繼出場。然而在這一頁（也就是這一章）的最後一個畫格，薩科以一個破格的畫面呈現出一群看似一家人、但衣衫襤褸的難民。雖然這個難民的「圖像並沒有自己獨立的圖框」，但這種「破格、欠缺自己框架的狀態直接指向那些較大的議題，而突顯出這個家庭在官方論述中缺乏代表性」(119)。這個圖像中的家庭好像由框架外的空白圖溝處走出來，這就「指涉了他們的不可見性」(121)。也就是說，雖然謝爾念茲在茲的是圖像的部署如何展演出巴勒斯坦人所承受的創傷的不可見性，然而薩科或許更有意將圖像中這個家庭的流離失所與國際政治角力相提並論。這個家庭（或者巴勒斯坦人）都缺乏自己的政治框架，只能任由英美法等國際大國基於他們的經濟利益考量而隨意擺布。不僅國際大國看不到巴特斯坦人的創傷，讀者也常看不到隱藏在巴勒斯坦人艱困處境背後的國際大國的角力與操弄。這也就是為甚麼巴勒斯坦人為何要不計代價爭取由他們自行定義以巴衝突的政治框架。

也就是說，總有幾隻看不見的手在操弄以巴之間存在已久的仇恨，但是隨著一次又一次的以巴衝突，以巴之間的新仇與舊恨不斷累積，而展現出一種類似的災難事件反覆搬演的錯覺。在小說剛開始之處，薩科描述他去參加一場媒體的酒會，酒足飯

飽之後，這些新聞從業人員所關心的話題卻是下一場災難：「你今天去哪了？希伯崙？突擊？多少人死了？這件事會如何衝擊⋯⋯？」(4)，在接下來分成四層的畫頁中，第一層畫格中的新聞記者剛剛抱怨完「這些新聞不新鮮了」，隨即轉頭索取菜單。在第二層則有一雙手握著菜單，文字框中放大菜單中的菜名，他們分別為；「轟炸！暗殺！入侵！」(5)，這表示這些聳動的標題才是新聞記者所感興趣的新聞。然而在第三層畫格中則出現仰天大聲哭嚎的巴勒斯坦人，他們哭喊著「五個死了」、「十個死了」、「二十個死了」。最下面一層畫格中，左邊的畫格再細分為三層畫格，分別呈現出「一週前」、「一個月前」、「一年前」、與「五十年前」的傷亡累累的場景。

　　也就是說，相對於因為沒有聳動的新聞而抱怨不已的新聞記者，巴勒斯坦人卻要承受每天相同的以巴衝突所造成的傷亡與傷痛。這些新聞記者天天跑第一線、第一手的新聞，反覆見證「五個死了」、「十個死了」的創傷場景，但是他們反而視而不見，只會抱怨「這些新聞不新鮮了」。相較於這些不斷挖掘新的新聞的新聞記者，薩科企圖回到五十年前一樁西方媒體或者不知道、或者淡忘的創傷事件，挖掘與探究「以巴之間長期怨恨之肇因」，藉此彰顯出舊聞中不為人知的隱藏的暴力。

《我在伊朗長大》

莎塔碧的《我在伊朗長大》與薩科的紀實漫畫
在風格上迥然不同。薩科筆下人物表情雖然誇張，
但是背景線條細膩寫實，而莎塔碧則慣於運用簡單
的線條、卡通的人物造型、黑白雙色的對比，來述
說雙線並進的故事。一方面，她述說的是一個伊朗
女孩在伊朗革命時期成長，以及其後留學歐洲，再
回到伊朗的成長、出走、回歸與再度出走的故事；
另一方面，她也脈絡化這個女孩的成長故事，將其
與伊朗近代社會之流變交織編結，而翻轉讀者對於
伊朗或者伊朗女孩的刻板印象，突顯出在時間的生
成流變中不斷置換游移的「伊朗」想像。

　　修特在《圖像女人》中指出《我在伊朗長大》
原來是以上下二冊分別出版，後來才匯集成為一
冊。上冊原來還有個副標題《一個普通的伊朗童年
故事》(*Tales from an Ordinary Iranian Childhood*)。
修特指出在原來書名中的關鍵詞「普通」或「平
凡」(ordinary) 提供讀者詮釋這本漫畫很重要的線
索 (2010: 136)。副標題中的「普通」或「平凡」，
其實是個雙關語，因為莎塔碧的伊朗童年絕對不平
凡，更不普通，莎塔碧要透過漫畫所表達的反而是
在西方世界之外，創傷經驗的司空見慣，尋常到伊
朗人學會容忍與遺忘，而西方人學會視而不見。藉

由漫畫的視覺效果，莎塔碧要將這個創傷經驗重新
推回到世人的眼前，讓世人不得不看到在過去幾十
年來伊朗人民所承受的多重傷痛：帝國殖民、伊斯
蘭革命、伊斯蘭神權統治。這些糾結在一起的歷史
傷痛，不但形塑了伊朗波濤洶湧的現代史，也造就
了莎塔碧為了因應變異不斷的政局而流變不居的主
體性。

　　在《我在伊朗長大》的「前言」中，莎塔碧說
明「從（伊斯蘭革命）以來，（伊朗）這個古老與
偉大的文明就與基本教義主義、狂熱主義和恐怖主
義相提並論。作為一個在伊朗生活了大半輩子的伊
朗人，我知道這種形象絕非事實……我也不希望那
些因為捍衛自由而在監獄中喪生的伊朗人、那些在
伊拉克的戰爭中喪生的人、在各種鎮壓政權下遭受
苦難的人、或者那些被迫離開家人逃離家園的人被
我們所遺忘。一個人可以原諒，但永遠不應該忘
記」。顯而易見，《我在伊朗長大》所預設的讀者
群是西方讀者，因為莎塔碧企圖藉由繪製這本圖像
小說而打破西方人對伊朗與伊朗女性的刻板印象。
相反地，她強調伊朗既不是幾近瘋狂的恐怖主義的
同義詞，伊朗人民也不是全完受制於專制神權的盲
目追隨者，而伊朗女性也不是完成臣服於伊斯蘭政
權而不會思考的戴著頭巾的女人。莎塔碧將伊朗的
近代史與莎塔碧的成長交叉並置，藉由漫畫的形式

特質而打破西方人對伊朗或中東女性的刻板印象。也就是說，如果如修特所言，薩科的《加薩注腳》是一部動員讀者同理心、來促進讀者對以巴衝突的瞭解的紀實漫畫，莎塔碧的《我在伊朗長大》則更側重於解構與重構認知，而藉由增進理解而讓讀者看見過往從未看過的伊朗。

　　無論是上冊或下冊，書中都以漫畫為媒介而勾勒出伊朗近年來的政治局勢的複雜多變與女主人翁瑪姬 (Marji) 的成長流變。無論是伊朗，或者是瑪姬都溢出任何既定的框架，也偏離任何刻板的故事模型，而不斷在時間的流轉中「解畛域化」讀者對於伊朗政府、伊朗民眾的既有腳本與認知，也在鬆動既定符碼之餘，創造新的配置關係與感知結構。更重要的是，這種鬆動藉由漫畫的圖文張力與畫格的並置與編結而開展。

　　舉例而言，在《我在伊朗長大》的第一頁的第一個畫格中，讀者看到十歲的瑪姬端坐著直視前方。這個大頭照的場景連結到第二個畫格，只是在這個畫格中瑪姬和她的同學坐在一起，每個女孩都戴著頭巾，顯然這是一張班級團體照，而拍照的時間點應該是在伊斯蘭政權成立之後，因為在這之前伊朗女性的衣著是相當西化與多元的。第二個畫格的畫面不但重複、而且以「編結」的方式與第一個畫格產生連結與呼應，而這種編結效應也出現在這

一頁的第二層的左右兩個畫格中。在左邊的畫格
中，一群民眾高舉雙手仰首抗爭，畫格上方的文字
框則說明：「在一九七九年爆發了一場『伊斯蘭革
命』」；在右邊的畫格上則呈現出小學校園中女學
生嘻笑打鬧的場景，文字框內的說明則是：「接著
一九八〇年到來，這年開始我們依規定都要在學校
內戴上頭巾」。由此可見，第一層與第二層的四個
畫格穿梭於一九七九與一九八〇兩個時間節點，藉
此打破線性敘事的模式，而透過時間節點的並置而
召喚出不同的時間感性。

　　第一頁藉由四個並置的畫格將漫畫、頭巾、伊
斯蘭革命連結起來，將這些看似不相連的事件與媒
介連結在一起，形成另類的拓撲組配，賦予頭巾豐
富的政治化的意涵。如果前四個畫格讓頭巾成為性
別壓抑的文化意符，第一頁的最後一個畫格則彰顯
出頭巾的另類意涵：在這個畫格中，年幼的瑪姬與
她的同學將頭巾當作遊戲嬉鬧的工具，而使得頭巾
不再具有固著的政治意涵，反而成為可以有各種可
能的「流變符號」。伊朗女性不但將頭巾「去畛域
化」，而轉換成為具有流變動能的日常生活之媒
介，他們也在神權專制的社會中將各種生活規範轉
換成為日常生活中身體力行的實踐。在書中另一處
與頭巾有關的全頁畫格中 (95)，莎塔碧回憶在兩伊
戰爭期間，伊朗軍方死傷慘重，瑪姬就讀的學校因

此規定所有學生每天都要參與哀悼死者的儀式。在畫格中，前後五排的女學生整齊列隊，每個戴著頭巾的女學生都以右手擊打左胸，他們不但動作整齊劃一，而且在漫畫的抽象操作下，更像是由同一個模板中所複製出來。藉由這種複製卡通人物的操作，作者看似在強調伊朗女性已被宗教教條洗腦，以至於只有群體性，而失去了個人的差異性。

然而，在接下來的畫格中 (97)，莎塔碧則打破了這種刻板印象，而讓讀者看到頭戴頭巾的伊朗女學生躺在地上大喊著「來殺我啊」，而站在她身旁的其他女同學則被這個瘋狂又荒謬的行為逗得開懷大笑。但是，這種帶著頭巾來嘲弄頭巾的日常實踐，既突顯出伊朗女性的主體性，也會在不同的情境下被詮釋成為違法犯紀的指標，而可能承受法律的制裁。例如，當年少叛逆的瑪姬前往黑市購買西方流行音樂的卡帶時，她雖沒有忘記戴上頭巾出門，但是身上穿著的牛仔夾克、腳上穿著的耐吉球鞋，仍然使得她在路上被兩位所謂的「革命守護者」的女性攔下質詢。在接下來的一連串的畫格 (133-134) 中，兩位伊斯蘭革命的守護者穿著蒙蔽全身的罩袍，僅露出看似嚴肅的臉部，他們居高臨下俯視著在畫格中益顯矮小的瑪姬，更由畫面的配置而彰顯出律法的無所不在。這顯示了面紗除了可以成為抗爭的媒介，也是與專政神權共謀的宰制工

具。因此，面紗既是壓迫的武器（通過壓制個性使女性受害），也是抗爭與轉變的媒介。

　　這使得伊朗女性不斷折衝在主觀的日常實踐與客觀的律法規範中，而透過一系列與面紗相關的跨頁拓撲聯結，莎塔碧彰顯出面紗與伊朗伊斯蘭革命大敘事之間的聯結，以及面紗作為一種或為時尚或為實用的流變符號所展演出的交雜新與舊、本土與外來的意識型態。藉由這些伊朗女學生透過身體將頭巾所開展出的多元意涵，莎塔碧質疑「伊斯蘭革命」的政治意義與革命象徵。一方面，從國族敘事的層次而言，頭巾是鞏固神權體制的符號，與之共謀的革命守護者也藉由頭巾獲得規訓他者的權力；另一方面，頭巾既是展演時尚的流變符號，也有實用的價值。從國族敘事的角度來看，頭巾招喚出的是與想像的過去的聯結，以及懷舊敘事後面揮之不去的焦慮；但是，由日常生活的實踐而言，頭巾既連結過去，卻也成為時尚的媒介，而連結到未來。頭巾既是情感的依託，也是政治的表態。透過不斷重複地引述與展演頭巾的拓撲聯結，莎塔碧爆破讀者對於伊朗女性與頭巾之間刻板的印象，而將頭巾編織到不同的歷史脈絡與配置關係中，也突顯出伊朗女性與頭巾之間既可連結及爆裂過去、又可開啟及衝撞未來的矛盾關係。

看見歷史

紀實漫畫或許無法取代完全以影像取勝的紀錄
片，但是紀實漫畫卻能以手繪的漫話來呈現、詮
釋、展演歷史的多元層次，以視覺化的方向來讓讀
者「看到」並未為照相機或攝影機所捕捉到的歷史
場景。藉由漫畫來呈現歷史的不可見、不能見，不
但如修特所言，足以召喚讀者的同理心，從而以見
證的角度來理解歷史的傷口、暴力的殘酷，也不僅
如鄧斯特所說，可以展演出政治運作的隱性矛盾，
而是邀請讀者將歷史視為聚集多元時間與空間的組
配與集合，藉此讓讀者看到歷史事件中各方人、
事、物之間看似不可見、實則不可分的緊密聯結，
從而重新認識歷史。

徵引文獻

Baetens, Jan (2003) "Review of Noah Wardrip-Fruin & Nick Montfort's *The New Media Reader*." *Image & Narrative* 4.1 [7]: n.p. (www.imageandnarrative.be/inarchive/graphicnovel/wardripfruin_montfort.htm).

Barthes, Roland (1981) *Camera Lucida: Reflections on Photography*. Trans. Richard Howard (New York: Hill and Wang).

Bechdel, Alison (2006) *Fun Home: A Family Tragicomic* (Boston: Houghton Mifflin).

Chast, Roz (2014) *Can't We Talk About Something More Pleasant?* (New York: Bloomsbury).

Chute, Hillary L. (2010) *Graphic Women: Life*

Narrative and Contemporary Comics (New York: Columbia University Press).

Chute, Hillary L. (2016) *Disaster Drawn: Visual Witness, Comics, and Documentary Form* (New York: Harvard University Press).

Chute, Hillary L. & Marianne DeKoven (2006) "Introduction: Graphic Narrative." *MFS: Modern Fiction Studies* 52.4: 767-782.

Cohn, Neil (2013) *The Visual Language of Comics: Introduction to the Structure and Cognition of Sequential Images* (London: Bloomsbury).

Dittmer, Jason (2010) "Comic Book Visualities: A Methodological Manifesto on Geography, Montage and Narration." *Transactions of the Institute of British Geographers* 35.2: 222–236.

Diedrich, Lisa (2016) *Indirect Action: Schizophrenia, Epilepsy, AIDS, and the Course of Health Activism* (Minneapolis: University of Minnesota Press).

Diedrich, Lisa (2017) "Comics and Graphic Novel." Bruce Clarke & Manuela Rossini (eds.): *The Cambridge Companion to Literature and the Posthuman* (Cambridge: Cambridge University Press), 96-108.

Dunst, Alexander (2015) "Sacco with Badiou: On the Political Ontology of Comics." Worden (ed.) 2005: 168-183.

Eisner, Will (2008) *Comics and Sequential Art* (New York: W.W. Norton).

范銀霞、賴雯淑 (2012)〈圖像敘事的超美學及其藝術教育意義：從 Chris Ware 的作品談起〉。《國際藝術教育學刊》8.1: 98-150。

馮品佳（編）(2016)《圖像敘事研究文集》（臺北：書林出版公司）。

馮品佳 (2016a)〈自傳書／畫：《越南美國》中的圖像記憶場域〉。馮品佳（編）2016：241-263。

Fies, Brian (2006) *Mom's Cancer* (New York: Abrams ComicArts).

Flood, Alison (2016) "New Comics Laureate Charlie Adlard Declares War on 'the Graphic Novel'." *The Guardian*, 17 Oct. (www.theguardian.com/books/2016/oct/17/new-comics-laureate-charlie-adlard-declares-war-on-the-graphic-novel).

Gaiman, Neil (1989) *The Sandman: Preludes & Nocturnes* (New York: DC Comics).

Gardner, Jared & David Herman (2011) "Introduction." *SubStance* 40.1: 3-13.

Gibbons, Fiachra (2001) "Graphic Novel Wins Guardian Book Award." *The Guardian*, 7 Dec. (www.theguardian.com/uk/2001/dec/07/books.booksnews).

Grierson, John (1933) "The Documentary Producer." *Cinema Quarterly* 2.1: 7-9.

Groensteen, Thierry (2007) *The System of Comics.* Trans. Bart Beaty & Nick Nguyen (Jackson: University Press of Mississippi).

Groensteen, Thierry (2013) *Comics and Narration.* Trans. Ann Miller (Jackson: University Press of Mississippi).

Grossman, Lev (2009) "Top 10 Graphic Novels." *Time*, 5 Mar. (entertainment.time.com/2009/03/06/top-10-graphic-novels/slide/jimmy-corrigan-the-smartest-kid-on-earth/).

Herman, David (2010) "Multimodal Storytelling and Identity Construction in Graphic Narratives." Deborah Schiffrin, Anna De Fina & Anastasia Nylund (eds.): *Telling Stories: Building Bridges Among Language, Narrative, Identity, Interaction, Society, and Culture* (Washington, DC: Georgetown University Press).

Horstkotte, Silke (2013) "Zooming In and Out: Panels,

Frames, Sequences, and the Building of Graphic Storyworlds." Stein & Thon (eds.) 2013: 27-48.

紀蔚然 (2017)《別預期爆炸：洪席耶論美學》（臺北：印刻出版公司）。

King, Edward & Joanna Page (2017) *Posthumanism and the Graphic Novel in Latin America* (London: UCL Press).

Kukkonen, Karin (2011) "Comics as a Test Case for Transmedial Narratology." *SubStance* 40.1: 34-52.

李衣雲 (2012)《變形、象徵與符號化的系譜：漫畫的文化研究》（臺北：稻香出版社）。

Liew, Sonny (2016) *The Art of Charlie Chan Hock Chye* (New York: Pantheon Book).

劉敬賢 (2022)《漫畫之王陳福財的新加坡史》(*The Art of Charlie Chan Hock Chye*)。黎湛平（譯）（臺北：貓頭鷹出版社）。

Massumi, Brian (2002) *A Shock to Thought Expression after Deleuze and Guattari* (New York: Routledge).

McCloud, Scott (1993) *Understanding Comics: The Invisible Art* (New York: HarperCollins).

Menga, Filippo & Dominic Davies (2020) "Apocalypse Yesterday: Posthumanism and

Comics in the Anthropocene." *EPE: Nature and Space* 3.3: 663–687.

Meskin, Aaron (2007) "Defining Comics?" *The Journal of Aesthetics and Art Criticism* 65.4: 371–381.

Miodrag, Hannah (2013) *Comics and Language: Reimagining Critical Discourse on the Form* (Jackson: University Press of Mississippi).

Mitchell, W.J.T. & Art Spiegelman (2014) "Public Conversation: What the %$#! Happened to Comics?" *Critical Inquiry* 40.3: 20-35.

Montfort, Nick & Noah Wardrip-Fruin (eds.) (2003) *The New Media Reader* (Cambridge, Massachusetts: MIT Press). ·

Moore, Alan & Dave Gibson (1986) *Watchmen* (New York: DC Comics).

Nichols, Bill (1991) *Representing Reality: Issues and Concepts in Documentary* (Bloomington: Indiana University Press).

Phelan, James (2016) "Local Fictionality within Global Nonfiction: Roz Chast's Can't We Talk about Something More Pleasant?" *Enthymema*, no. 16: 18-31.

Rancière, Jacques (2004) *The Politics of Aesthetics:*

The Distribution of the Sensible. Trans. Gabriel Rockhill (New York: Continuum).

Rancière, Jacques (2006) "Documentary Fiction: Chris Marker and the Fiction of Memory." *Film Fables* (Oxford & New York: Berg).

Satrapi, Marjane (2006) *Persepolis: The Story of a Childhood and the Story of a Return* (London: Jonathan Cape).

Sacco, Joe (2009) *Footnotes in Gaza* (New York: Metropolitan Books).

Sacco, Joe (2012) "The Unwanted." *Journalism* (New York: Metropolitan Books), 109-157.

Scherr, Rebecca (2014) "Framing Human Rights: Comics Form and the Politics of Recognition in Joe Sacco's *Footnotes in Gaza.*" *Textual Practice* 29.1: 111-131.

Schjeldahl, Peter (2005) "Words and Pictures." *The New Yorker*, 10 Oct. (www.newyorker.com/magazine/2005/10/17/words-and-pictures).

Spiegelman, Art (1986) *Maus I: A Survivor's Tale: My Father Bleeds History* (New York: Pantheon Books).

Spiegelman, Art (1991) *Maus II: And Here My Troubles Began* (New York: Pantheon Books).

Stein, Daniel & Jan-Noël Thon (eds.) (2013) *From Comic Strips to Graphic Novels: Contributions to the Theory and History of Graphic Narrative* (Berlin: De Gruyter).

Stuart, Kelly (2013) "Alan Moore: 'Why Shouldn't You Have a Bit of Fun While Dealing with the Deepest Issues of the Mind?" *The Guardian*, 22 Nov. (www.theguardian.com/books/2013/nov/22/ alan-moore-comic-books-interview).

Tran, GB (2010) *Vietnamerica: A Family's Journey* (New York: Villard).

涂銘宏 (2009)〈一種漱石式的「科學怪人」凝視：漫畫《心》的腐女視覺修辭〉。《英美文學評論》no.14: 61-86。

涂銘宏 (2013)〈交響腐人夢：情感轉碼與戀人共同體〉。《文山評論》6.2: 135-158。

Viljoen, Jeanne-Marie (2015) "Engaging an Aesthetics of the 'Invisible' in Graphic Narratives to Represent Violence Ethically." *Continuum* 29.6: 847-860.

Ware, Chris (2000) *Jimmy Corrigan: The Smartest Kid on Earth* (New York: Pantheon).

Worden, Daniel (ed.) (2015) *The Comics of Joe Sacco: Journalism in a Visual World* (Jackson: The

University Press of Mississippi).

張淑麗 (2016)〈序言〉。馮品佳（編）2016: vii-xvii。

張淑麗 (2016a)〈世界文學或「世界化」文學……〉。《英美文學評論》no.28: 53-87.

張小虹 (2016)《時尚現代性》（臺北：聯經出版公司）。

目　次

壹｜漫畫、圖像小說、圖像敘事：
　　圖像符號學與圖像敘事學······················1

貳｜情動閱讀與拓撲連結·························· 19

叁｜圖像回憶錄·································· 47

肆｜紀實漫畫·································· 77

徵引文獻·································113

本書在臺灣印刷
Printed and bound in Taiwan
高雄市新王牌印刷事業有限公司承印

2023 年 1 月初版一刷 平裝
開本：114 x 177 1/32
字數：50800 ／印張：6 ／印數：1-300 冊

Collection « OFFLine »
張錦忠／主編

1. 張錦忠／《SSG 學術論文格式小冊》
2. 沈志中／《啟蒙光亮下的陰影》
3. 黃錦樹／《幽靈的文字》
4. 楊雅惠／《明而未融：抒情美典的詩思》
5. 李有成／《記憶政治》
6. 單德興／《訪談的技藝》
7. 潘怡帆／《譯辯：班雅明與布朗肖》
8. 孫小玉／《雨後霓虹：失能者的生命故事》
9. 陳春燕／《「卡夫卡的愛情是套媒介網絡」：
         媒介理論中的文學》
10. **張淑麗／《漫畫的拓撲文法：序列、編結與情動》**
11. 洪敏秀／《冷熱之間：加拿大英語文學的冰雪技術》

國家圖書館出版品預行編目 (CIP) 資料

漫畫的拓樸文法：序列、編結與情動 /
　張淑麗著 .-- 初版 .-- 高雄市：
　中山大學人文研究中心 , 2023.01
　面；公分 .
　ISBN 978-626-97085-0-5（平裝）
　1.CST: 圖像學 2.CST: 漫畫
940.11　　　　　　　　　112000500